## 100位
### 为新中国成立作出突出贡献的英雄模范人物

# 王尔琢

卢 琪/编著

吉林出版集团 ｜ 吉林文史出版社

图书在版编目（CIP）数据

王尔琢 / 卢琪编著． -- 长春：吉林文史出版社，
2011.4（2024.5重印）
（100位为新中国成立作出突出贡献的英雄模范人物）
ISBN 978-7-5472-0504-4

Ⅰ．①王… Ⅱ．①卢… Ⅲ．①王尔琢（1903～1928）－生平事迹 Ⅳ．①K827=6

中国版本图书馆CIP数据核字(2011)第049558号

# 王尔琢

WANGERZHUO

编著／ 卢琪
选题策划／ 王尔立　责任编辑／ 王尔立
装帧设计／ 韩璘
出版发行／ 吉林文史出版社
地址／ 长春市福祉大路5788号　邮编／ 130118
电话／ 0431-81629363　传真／ 0431-86037589
印刷／ 天津海德伟业印务有限公司
版次／ 2011年4月第1版 2024年5月第7次印刷
开本／ 640mm×920mm　1/16
印张／ 9　字数／ 100千
书号／ ISBN 978-7-5472-0504-4
定价／ 29.80元

《100位为新中国成立作出突出贡献的英雄模范人物》丛书

# 编 委 会

| | |
|---|---|
| 主　任 | 张自强　高　磊 |
| 副主任 | 王东炎　徐　潜　张　克　王尔立 |
| 编　委 | 郭家宁　尚金州　龚自德　张菲洲 |
| | 张宇雷　褚当阳　丁龙嘉　孙硕夫 |
| | 李良明　闫勋才 |

# 100 位

为新中国成立作出突出贡献的英雄模范人物

| | | | | | |
|---|---|---|---|---|---|
| 八女投江 | 于化虎 | 小叶丹 | 马本斋 | 马立训 | 方志敏 |
| 毛泽民 | 毛泽覃 | 王尔琢 | 王尽美 | 王克勤 | 王若飞 |
| 邓　萍 | 邓中夏 | 邓恩铭 | 韦拔群 | 冯　平 | 卢德铭 |
| 叶　挺 | 叶成焕 | 左　权 | 诺尔曼·白求恩 | 任常伦 |
| 关向应 | 刘老庄连 | 刘伯坚 | 刘志丹 | 刘胡兰 | 吉鸿昌 |
| 向警予 | 寻淮洲 | 戎冠秀 | 朱　瑞 | 江上青 | 江竹筠 |
| 许继慎 | 阮啸仙 | 何叔衡 | 佟麟阁 | 吴运铎 | 吴焕先 |
| 张太雷 | 张自忠 | 张学良 | 张思德 | 旷继勋 | 李　白 |
| 李　林 | 李大钊 | 李公朴 | 李兆麟 | 李硕勋 | 杨　殷 |
| 杨子荣 | 杨开慧 | 杨虎城 | 杨靖宇 | 杨闇公 | 萧楚女 |
| 苏兆征 | 邹韬奋 | 陈延年 | 陈树湘 | 陈嘉庚 | 陈潭秋 |
| 冼星海 | 周文雍、陈铁军夫妇 | 周逸群 | 明德英 | 林祥谦 |
| 罗亦农 | 罗忠毅 | 罗炳辉 | 郑律成 | 恽代英 | 段德昌 |
| 贺　英 | 赵一曼 | 赵世炎 | 赵尚志 | 赵博生 | 赵登禹 |
| 闻一多 | 埃德加·斯诺 | 夏明翰 | 格里戈里·库里申科 |
| 狼牙山五壮士 | 聂　耳 | 郭俊卿 | 钱壮飞 | 黄公略 |
| 彭　湃 | 彭雪枫 | 董存瑞 | 董振堂 | 谢子长 | 鲁　迅 |
| 蔡和森 | 戴安澜 | 瞿秋白 | | | |

# 前言

　　每个人的心中都多少有一点英雄情结，都向往英雄、景仰英雄。也正因此，在中华人民共和国建国六十周年之际，由中央十一部委联合组织开展的"100位为新中国成立作出突出贡献的英雄模范人物和100位新中国成立以来感动中国人物"的评选活动中，群众参与投票总数近一亿。这其中的每一张选票，都表达了人们对英雄模范的崇敬之情，寄托着对伟大祖国的美好祝福。

　　一个民族不能没有英雄，否则这个民族就不会强大。当国家危难之时，懦弱者选择了逃避、妥协甚至投降，英雄们却挺身而出，用热血捍卫民族的尊严，人民的幸福。在创立和建设新中国的伟大历程中，涌现出无数可歌可泣的英雄模范人物。他们之中，有为了民族独立和人民解放而英勇牺牲的革命先烈，有为了党和人民的事业而不懈奋斗的优秀共产党员，有在全民族抗战中顽强奋战、为国捐躯的爱国将士，有英勇杀敌的战斗英雄和革命群众，有积极从事进步活动的著名民主爱国人士和国际友人……他们是民族的脊梁、祖国的骄傲，是激励全体人民团结奋斗的精神力量。

　　《100位为新中国成立作出突出贡献的英雄模范人物传记》丛书，就像一部星光璀璨的英雄谱，真实、完整地记录了英雄模范人物不平凡的一生，再现了他们非凡的人格魅力和精神世界。"头颅可断腹可剖"的铁血将军杨靖宇，"毫不利己，专门利人"的白求恩，"抗战军人之魂"张自忠，"砍头不要紧"的夏明翰，"俯首甘为孺子牛"的文化斗士鲁迅……一串串闪光的名字，一个个动人的故事，犹如群星闪烁，光耀中华。

　　如今，战火已熄，硝烟已散，英雄已逝，我们沐浴在和平的幸福之中。在和平年代，人们不会忘记为今日的和平浴血奋战的英雄们，英雄的故事永远不会结束。让我们用英雄的故事唤醒我们心中的激情，为中华民族的伟大复兴而奋斗。

# 生平简介

王尔琢（1903-1928），男，汉族，湖南省石门县人，中共党员。

王尔琢1924年考入黄埔军校第一期，同年秋加入中国共产党。曾任学生队分队长，参加平定广州商团叛乱和讨伐军阀陈炯明的两次东征。1926年参与国民革命军第三师的改编工作，任东路先遣军党代表，参加北伐战争。后任国民革命军第三军二十六团党代表。1927年任国民革命军第四军二十五师七十四团参谋长。同年8月，率该团重机枪连参加南昌起义。起义军南下广东后，率部参加三河坝战斗。后随朱德、陈毅等转战闽粤赣湘边，坚持武装斗争。1928年1月参加领导湘南起义，任工农革命军第一师参谋长。1928年4月，朱德与毛泽东率部队在井冈山会师后，他任中国工农红军第四军参谋长兼第二十八团团长，不仅协助毛泽东、朱德制定适合于红军的战略战术，而且每次大的战斗，都亲临火线直接指挥部队作战。他曾先后指挥五斗江、草市坳和龙源口等战斗，率二十八团英勇作战，粉碎湘赣两省国民党军的"会剿"，成为纵横井冈山的一员骁将，为保卫和发展井冈山革命根据地作出了重大贡献，赢得了"飞兵二十八团"的佳誉。同年8月25日，在江西崇义思顺圩追击叛徒时，英勇牺牲，年仅25岁。

**1903-1928**
[WANGERZHUO]

◄ 王尔琢

# 目录 MULU

■ 井冈骁将王尔琢（代序） / 001

■ 嫉恶如仇的幼年（1903–1916） / 001

**诞生之地** / 002
湖南辈有人才出，动乱年代英雄现。

**0-5岁**

**家族希冀** / 004
善良父母寄托期望于儿，调皮孩童不解用心良苦。

**6-10岁**

**路见不平** / 007
路见不平助人除危难，拔刀相助初显英雄气。

**11-13岁**

■ 书生意气的少年（1916–1924） / 011

**初踏校门** / 012
启蒙教师深情讲述历史，顽皮幼童感染爱国情怀。

**13-17岁**

**愤然离校** / 015
爱国举动受阻，尔琢愤然离校。

**17岁**

**17-20岁**

**立志救国** / 018
实业救国惨遭现实否定，
初识革命立志投笔从戎。

■ **投笔从戎的青年（1924－1927）** / 025

**黄埔骄子** / 026
入选黄埔踏革命之旅，平定叛乱成革命战士。

**21岁**

**22-23岁**

**参加东征** / 042
东征此举应民意，尔琢冲锋勇夺城。
二次东征升营长，拒蒋要求见忠心。

**投身北伐** / 047
品行高尚得爱戴，智勇双全斗敌人。
校长被拒起杀心，挚友忠告躲不测。

**23-24岁**

**24岁**

**侠骨柔情** / 051
妻女前来未谋面，铮铮铁骨也柔情。
英雄爱恋无传奇，真实平凡铸真心。

■ **峥嵘坎坷的转战（1927－1928）** / 057

**三河坝大战** / 058
以少战多任务艰，以战养战尔琢胜。

**24岁**

| | 笑谈决心 / 063 |
|---:|:---|
| **24岁** | 革命成功方理发,谈笑之言见决心。 |

| 逆境奋战 / 065 | |
|:---|---:|
| 缺粮少弹方显英雄本色,再出智囊救民水火之中。 | **24岁** |

| | 暗度陈仓 / 068 |
|---:|:---|
| **24岁** | 暗度陈仓存实力,韬光养晦保精华。 |

| 智取宜章 / 071 | |
|:---|---:|
| 伪装国军骗豪绅,智取宜章扬美名。 | **25岁** |

| | 捷报频传 / 074 |
|---:|:---|
| **25岁** | 一举击败"许送枪",开进郴州取耒阳,将计就计巧夺城,无往不胜"四金刚"。 |

■ 卓越的红军将领(1928) / 083

| 胜利会师 / 084 | |
|:---|---:|
| 朱毛会师奏响历史新篇章,星星之火点亮江山万里红。 | **25岁** |

| | 占领永新 / 088 |
|---:|:---|
| **25岁** | 一占永新壮军威,二占永新凭智慧,从此尔琢美名扬,飞兵团长显神威。 |

| "飞兵团长" / 094 | |
|:---|---:|
| 用心治军受爱戴,精诚团结成信仰。飞兵团长飞兵团,树立军中好榜样。 | **25岁** |

25岁　**大战五斗江** / 098
偷梁换柱用计谋，五斗江边创辉煌。

**龙源口大捷** / 104
旧敌相见分外眼红，破釜沉舟击溃敌军。宰杀
"两羊"欢庆端午，辉煌胜利威震湘赣。　25岁

■ **鞠躬尽瘁　壮志未酬（1928）** / 111

**风云突变** / 112
25岁　杜修经扇阴风军心不稳，
湘官兵思乡切败北湘南。

**英勇牺牲** / 118
为保实力孤身追贼，苦口婆心却遭暗算。
叛逃战士认清道路，英勇牺牲壮志未酬。　25岁

**全军哀悼** / 123
尔琢牺牲朱德落泪，报仇雪恨大快人心。
后人怀念筑陵修墓，一代英雄名垂青史。

■ **后记　历史不会忘记** / 127

# 井冈骁将王尔琢（代序）

湖南，这个人杰地灵的地方，曾经出现了无数的名人英雄，而王尔琢可以说是这些英雄之中英年早逝的一位。在短短25年的生命中，他却给我们留下了无数可歌可泣的生命凯歌，这些凯歌伴随着红军的成长而逐渐为人们所熟知。

1928年，正是井冈山根据地艰难开创的时期。这年8月，工农红军第四军参谋长兼二十八团团长、北伐中英勇善战的先锋、我军早期重要领导人之一的王尔琢，在追回叛逃部队的斗争中牺牲了。他牺牲后的第二天，红四军军长朱德、党代表毛泽东和红军将士，痛悼亲密战友。在追悼会上，毛泽东对王尔琢作了高度的评价，亲自拟写了一副挽联：

一哭尔琢，二哭尔琢，尔琢今已矣！留却重任谁承受？

生为阶级，死为阶级，阶级后如何？得到胜利方始休！

他就是这样一位得到全军爱戴与尊敬的将领，他是智慧与勇敢的化身，是为共产主义事业献身却壮志未酬的英雄！

他具有骁将的智慧。曾经的智取宜章，二占永新等战役都有他的出色指挥，是他智慧的结晶。他的伪装十分巧妙，时而化身为国军部队的长官骑着高头大马，时而乔装成街头小贩在城下吵吵闹闹。一再出锦囊，仿佛诸葛再世，带领的二十八团成为了红军绝对的主力。

他具有骁将的勇气。三河坝战役中以少战多，带领战士们在缺粮少弹的情况下，用以战养战的方法大战了三天三夜，最终完成了掩护工作。他经历了红军雏形期最困难的时刻，却依然谈笑风生，给战士们加油打气。龙源口大捷中起初的战争是艰难的，就在大家都绝望的时候，他挺身而出，绝不后退，最终打垮了敌军。

　　他具有一般骁将没有的组织领导能力。他带兵的一贯作风是严肃与慈爱相结合。部队中的每项事情，大至军事部署、战斗计划，小至生活安排及战士之间的口角是非，他都事事关心，件件过问，从不马虎。他爱护士兵，很受大家的爱戴，他把士兵当做亲人，但是就是过分的信任使他最后死于叛逃者之手，让人觉得可悲、可叹、可惜……

　　战火已熄，硝烟已散，英雄已逝。转眼间新中国已经成立了60年，我想王尔琢要是泉下有知的话，看见今天中国欣欣向荣的发展和未来美好的前景，也一定会欣慰地闭上眼睛。

　　乱世出英雄，和平盛世同样也需要英雄，今天的英雄不需要去战场抛头颅洒热血，只要我们每个人都走好自己的人生，做一个问心无愧的人，那么他就是自己的英雄！

# 嫉恶如仇的幼年

(1903—1916)

## 诞生之地

（0—5岁）

王尔琢，一个名字称不上尽人皆知，但却是一位为人民解放事业奉献终生的优秀红军指挥员。每一位英烈背后总是有一段可歌可泣的传奇经历，王尔琢也不例外，尽管他英年早逝，但是依旧留给了我们很多值得纪念的故事。

1903年1月23日出生在石门县的一户王姓家中，一个婴儿用他嘹亮的啼哭，宣示着一个鲜活生命的诞生。他是王氏夫妇第三个孩子，起名尔琢。小尔琢出生的时候他上面已经有了一个哥哥、一个姐姐。由于家有祖产水田、旱地、山林等，每年可以收得一些稻米，榨出三百多斤桐油，所以童年的小尔琢从未尝过挨饿的滋味。尔琢的父母都很勤

△ 王尔琢

劳，随着弟弟妹妹的出生，他们家的日子也越过越红火。湖南是一个风光秀丽、人杰地灵的地方，这里出现过许多的伟大人物，而我们的主人公就是在这样一片灵秀的土地上成长起来的。

王尔琢的父亲名叫王大朋，早年以屠户为业，专为乡里乡亲杀猪宰羊。那时的人们都很迷信，认为那些惨遭屠夫杀戮的牲口，其死后的灵魂一定会向阎王告状。所以很多亲友就劝王大朋改变职业，为他的儿女子孙"积阴德"。他思前想后觉得大家说得有道理，便放弃了这个工作，改做木材生意。王大朋目不识丁，但性格豪爽，为人正直，所做的都是君子生意。虽然收入并不是很丰厚，但维持一个小康之家是绰绰有余的。王尔琢的母亲是典型的贤妻良母，整天操持家务，相夫教子。如果不是在那个动乱的年代，这样幸福的一家也许会一直平静地生活下去。但俗话说得好，乱世出英雄。也亏得那个动乱的年代，因为它，我们的英雄才能成就其千秋芳名。

## 家族希冀

（6—10岁）

1900年八国联军侵占北京，中国已沦为半殖民地半封建社会。然而在王家生活的那个小村里，封建宗族势力根深蒂固，政治上依旧由当地一位姓郑的大地主所控制。王家虽然在经济上是小康之家，但是王氏夫妇都没有文化，经常受到郑地主的欺压。郑地主每年都会增加王家的捐税，而目不识丁的王大朋又和他理论不过，无奈只得如数交出。有一次，王大朋把河滩上的一块沙丘地，无偿地割给了贫苦农民陈家丰改种水田，一个叫九儿的女人看后很眼红，想占为己有。这个九儿是郑地主的姘头，她跑到郑地主的面前搬弄是非，非说那块沙丘是她父母留给她的。郑地主看到自己的女人哭哭啼啼地来告状，加之他本身就嫉妒王大朋的小康之家，于是派人去抓王大朋，并将他捆绑吊打，直到王尔琢的母亲陈氏到处张罗了40块大洋给他送来，才算捡回王大朋的一条性命。这件事情在幼小的王尔琢心灵中埋下了对豪绅阶级仇恨的种子。

王大朋虽然胸无点墨，但社会上的种种现象已经使他明白，要想不受欺辱，就必须读书识字。为此，他决心供儿子读书，振兴门庭。可惜幼小的尔琢没有体会到父亲殷切的希望，他没有将心思用在读书上，而是改用别的办法来为父报仇，惩治郑地主。他知道单凭自己的力量是不够的，于是，聪明的尔琢想到了团结，团结周围的小伙伴。小伙伴们多数是穷人家的孩子，他们的父母也常常受到大地主的欺压，所以大家一拍即合。然而人有了，应该怎么行动呢？此时就要过新年了，按照习俗，家家都要贴红对联，写吉祥话，希望新的一年大吉大利，小尔琢认为可以利用这个时候去破破郑家的财气。他号召小伙伴们多做一些小草人，并让小草人在猪粪中打个滚，赶在除夕晚间将小草人堆到郑地主家门口。他又让哥哥在一张白纸上写到"抬头见鬼，开门招灾"的字样，把它做成白对联，准备贴在郑地主的红对联之上。

"爆竹声中一岁除"，年三十了，这天晚上，家家户户在吃团圆饭之前，先要将大门关紧，叫做"紧闭财门"，为的是将一年中已经进门的财宝紧紧地抓住；半夜零点，又要抢着把大门打开，叫做"大开财门"，为的是新的一年招财进宝。这位郑地主是十分重视这个风俗的,当他兴冲冲地将大门打开,没想到看到的却是一小堆蘸着猪粪的稻草人,回头一看对联,差点气晕过去。他忙"呸呸呸"地连吐了几口唾沫,赶紧命人将这些东西打扫干净。这样破财的事情,他才不愿大家都知道呢,所以也只是暗暗把这个账记下,等有机会再收拾这些挡他财路的人。这一仗,王尔琢和小伙伴们算是打赢了。但是在以后的日子中王尔琢逐渐发现,虽然郑地主在过年的时候被所谓的"破财"了,可是他依旧是这个村子中作威作福的土皇帝,最重要的是他的财路,似乎也没有受到多大的影响。

人家说"三岁看到老",王尔琢自从领导大家"报仇"之后,就顺理成章地成为了这一片孩子们的领袖。他天资聪慧,善于思考,王大朋很以这个孩子为骄傲,认为他迟早会出人头地。

## 路见不平

（11-13岁）

历史上每一位英雄的诞生，似乎都离不开儿时所得到的一点一滴的熏陶。王尔琢的童年时代，在他经常玩耍的昌溪河畔有位捏泥人的老人家，人称唐爷爷。唐爷爷心肠好，常教孩子们捏泥人，孩子们很喜欢和他在一起，更喜欢缠着他讲故事。有一次，老人说："你们知道吗，传说在很久很久以前，我们周围这些山上有座山神庙，庙里有个神仙，他每天早上都在庙里读书讲经，他的声音常吸引小孩子们侧耳倾听。后来，人们就在城里修了个书院，让孩子们每天跟着他读书。县太爷知道后很不高兴，心想，这些娃娃读了书，有了学问，将来要是当了官，岂不是要威胁我的地位？他心生一计，让人把他的狗头师爷请来，两人嘀咕了半天……随后的一天夜里，突然从山上冒出了一伙强盗，他们放了一把火，想烧死那神仙。可神仙不慌不忙，把手里的书往空中一抛，书页随风飘扬，最后竟朝家家户户的屋子落去了……神仙虽然不见了，可是他把书留给了孩子们。"

听到这儿，王尔琢一个劲儿地追问："那神仙到哪去了？坏官最后怎么样了呢？"唐爷爷笑了笑，语重心长地说："孩子，好好读书吧，等你读了好多书，有好多学问的时候，要学那个神仙，不要学那个坏官，要把好东西留给百姓，而不是从百姓那里抢夺啊……"

唐爷爷的嘱咐深深地印在了王尔琢的心里。从此以后，他和普通百姓的心贴得更紧了，感情也更深了。

一天，王尔琢在回家的路上，看到一群人围在一起起哄。他走上前去一看，只见一个衣衫褴褛的孩子正往郑地主的儿子——郑少爷的裤裆下钻。他再仔细一看，那穷孩子不就是赵伯伯的儿子平娃子吗！王尔琢只觉得周身热血直冲脑门，他几步跨上前，从地上拉起平娃子，气冲冲地向郑少爷大吼："别太欺负人了！"

平娃子用手抹了一把头上的汗珠，怯生生地望了一下王尔琢，羞愧地低下了头。

郑少爷开始一愣，当他看清是王尔琢后，嘴角撇了撇，不屑地说："关你什么事，钻一次一个铜板，是他愿意的，要不你也试试？"

王尔琢双手叉腰，两眼圆睁："你欺人太甚了！"

平娃子怕事情闹大，上来拉王尔琢想走。他反倒抢过平娃子手中的三个铜板，朝郑少爷的脸上扔去。也许是被王尔琢的浩然正气给镇住了，这不可一世的公子哥儿心虚了，他慌忙捡起地上的铜板，夹起尾巴溜走了。

王尔琢回头看了一眼平娃子，伸手替他拍掉身上的泥土。没想到，这平娃子竟号啕大哭起来。王尔琢问他有什么伤心的事，平娃子止住了哭声，哽咽地说起来。

原来平娃子的父母都是老实巴交的受苦人。去年，他的爸爸得了重病，至今卧床不起，全家的生计难以维持。所以，平娃子常常去讨饭，把讨到的一些残羹冷炙带回家，以便父母能够以此糊口度日。

"我也不想钻别人的裤裆，可我更不想看

我爹娘挨饿啊。"平娃子再次泪如雨下。

听了平娃子的讲述，王尔琢的心像被烙铁烙过一般难受。穷人，为什么想活着都这么难呢？他摸摸口袋，拿出仅有的两个铜板，轻轻地放在平娃子的手里，叮嘱道："记住，男儿膝下有黄金！以后有难处，你就吭声，不要作践自己。"平娃子用力地点点头。

从此王尔琢手里再也没有零花钱了，他甚至发动他的兄弟姐妹一起去资助这个贫困的家庭。

# 书生意气的少年

(1916—1924)

## ➀ 初踏校门

★★★★★

（13—17岁）

1916年夏，王尔琢入官桥国民小学。这里讲授新学，开设国文、历史、地理、算术、图画、体育、音乐等课程，一扫之乎者也、子曰诗云的旧式学校习气，使王尔琢耳目一新。这里有个叫王新元的历史教员，每每讲到鸦片战争、甲午海战时便声泪俱下。当讲到在甲午海战中壮烈殉国的邓世昌时，他更是义愤填膺："在黄海大战中，中国担任指挥的旗舰被击伤，大旗被击落，邓世昌立即下令在自己的舰上升起旗帜，以吸引住敌舰。他指挥的'致远'号在战斗中最英勇，前后火炮一齐开火，连连击中日舰。日方只能派众舰围攻'致远'号，无奈致远号寡不敌众，不仅炮弹耗尽，而且受了重创，开始倾斜。

邓世昌感到决一死战的时刻到了,他对部下说:'我们就是死,也要壮出中国海军的威风,报国的时刻到了!'他下令开足马力向日舰'吉野'号冲过去,要和它同归于尽,这大无畏的气概把日本人吓呆了。"老师那激昂的语气,对历史事件活灵活现的展现,深深地吸引了王尔琢,一股浓浓的爱国热情在王尔琢的心中涌动。

"可不幸的是,'致远'号在前进中中了鱼雷,船体爆炸,沉入海底。两百多名官兵大部分牺牲。邓世昌曾被部下用救生圈救起,也曾被他的爱犬'太阳'救起,可他见部下都没有生还,毅然退出救生圈,将爱犬按入水中,一起沉入大海,献出了宝贵的生命。"讲到这里,老师眼中噙满泪水,

▽ 甲午战争图

◁ 亡我中华的"二十一条"

而学生们早已泪流满面。

当王老师讲到辛亥革命，分析当下形势时，他更是一脸的慷慨激昂："辛亥革命，把卖国的清政府推翻了。但窃取革命成果的北洋军阀，其卖国行径并不比清王朝逊色。列强巧取豪夺，瓜分中国，有增无减。特别是日帝，竟于1915年提出了亡我中华的'二十一条'！"王老师愤怒了，这愤怒中有对日本帝国主义的憎恨，也有对北洋军阀软弱可欺、卖国求荣的憎恨！王老师的情绪，明显地感染着同学们，大家个个怒目圆睁，捶胸顿足。

在王老师的熏陶下，王尔琢对清政府和北洋军阀的丧权辱国无比愤恨，而对孙中山等志士仁人发动的黄花岗起义和辛亥革命无限敬仰，这使他萌发了励精图治、救国救民的思想。此后他愈加发奋读书，只用了两年时间，就完成了初小学业。17岁时，他与同村王禹门等八名同学，考取了县立高小。

# 愤然离校

　　　　　　　　　　（17岁）

县立高小的生活对于刚刚从村小走出来的王尔琢来说是全新的，他甚至感觉到县城的空气都透着那么一股进步的味道。渐渐地，课堂上所学到的知识，已经满足不了他旺盛的求知欲了，他开始广泛涉猎各类报刊，因此，思想也变得更加活跃。那个时候，各种先进的报纸刊物已经成为多数有志青年的必备品，他们通过阅读，知道了中国正处于危亡的边缘；了解了孙中山先生为救国而作出的种种努力；明晰了各地的军阀是如何明争暗斗，卖国求荣！第一次世界大战结束后，巴黎和会上中国政府外交失败，日本攫取了德国在中国山东的特权。这一屈辱的消息传到国内后，全国群情激愤，有志青年身先士卒，

△《巴黎和会》（油画）

掀起了波澜壮阔的反帝反封建的五四爱国运动。石门县城虽然地处偏僻山区，却也受到了这场伟大的爱国运动的深刻影响和震撼。受这一运动的激励，王尔琢和同班同学郑洞国一起，带领全校学生上街游行示威。当时斗争矛头主要是北洋军阀政府和日本帝国主义，学生们在县城游行，宣传抵制日货，并组成清查队，到各个店铺里清查日货。平日里唯利是图的店铺老板们，有些是出于爱国之心，有些是慑于学生们的声威，此时有不少人都主动将店里的日本产品交给王尔琢。他们见到这些爱国学生，一个个点头哈腰，恭敬得不得了，王尔琢把所有商人上缴和清查出来的日货收集在一起，在街市上当众焚毁。这次运动在石门县城搞得轰轰烈烈，可是没持续多久就停止了，原因是：王尔琢的"干预国事"，犹如一枚重型炸弹，在这偏僻的湘西小县城里，引爆了一片哗然。受惊的县长急忙下令深究"闹事"学生的罪责，王尔琢却依然如故到处宣扬北洋军阀的腐败无能，丝毫没有惧怕的样子。眼看事情越闹越大，此时幸得校长（郑洞国的哥哥）出面作保并规劝学生莫冲动，他们才免遭牢狱之苦，可开除学籍是在所难免了。就这样，满怀爱国热忱的王尔琢，高小还未毕业就愤然离校，随父亲去澧县放木排了。

五四运动是王尔琢一生中经历的第一次革命的洗礼，它唤醒了王尔琢心底的爱国热情，培养了他朴素的爱国信念，并对他后来的选择和经历影响很大。从这时起，他开始痛切地认识到，中国外有列强虎视眈眈，内有军阀混战，国家残破，政治腐败，大有灭种亡国的危险。作为一个热血青年，王尔琢此时立志救国，解民倒悬。但是对如何救国救民，他还处于一个迷茫阶段。

**立志救国**

（17—20 岁）

澧水是洞庭湖的一大水系，它上游风景优美，人称"百里画廊"，船迁景移，看不完的诗情画意。下游属平原区，河道平缓，航运比较发达，干流在天津市以下终年可通行小型轮船。而近年来，日英等帝国主义国家的小水轮逐渐增多，完全把这里当成了一个进出自由的无人区，横冲直撞。这让王尔琢深深体会到了中国的贫弱，他认为他终于找到了中国贫弱的根源，而这个根源就在于实业和科学的不发达。1920年，34岁的朱德已经是滇军中有名气的旅长，28岁的刘伯承也已经成为中华革命党在川军中的名将，而19岁的王尔琢却依然抱着"工业救国"、"科学救国"的理想，奋斗在他的救国幻想里。

△ 郑洞国

他回到石门县，力邀郑洞国等同学去长沙投考湖南高等工业专门学校（湖南大学前身）附设中学，以实现他"实业救国"的志向，没想到他的打算和郑洞国的一拍即合。原来，身为一个忧国忧民的有志青年，郑洞国一直苦于救国无门，而今听到王尔琢向他滔滔不绝地讲起报考实业，立志救国的主张之后，顿感醍醐灌顶。两位即将在中国革命史上青史留名的伟人，就这样一起投身实业了。

在岳麓山下，他们埋头书本，专攻数理化。王尔琢不仅自己的成绩优良，还关心其他同学的功课，希望别人与他一样，发愤读书学好工业知识，将来办工厂做武器，为国家出力。就在他对未来无限憧憬的时候，一场革命的浪潮将他淹没。

1921年夏秋，湖南劳工会和湖南省学联为抗议军阀赵恒惕将全省人民公有的湖南第一纱厂卖给资本家承办，举行了罢工、罢课和示威游行，要求将湖南第一纱厂收回公有。这次活动遭到反动军警的镇压，劳工会领袖黄爱、庞人铨被捕入狱。面对举起屠刀的反动派，王尔琢义愤填膺，他走出学堂，参加了游行。就在此时，帝国主义重新瓜分中国的华盛顿会议召开的消息传来了，全国上下震动了！大家愤怒于帝国主义的罪恶行径，心痛于懦弱中国的任人宰割。为了唤起同学们更深沉的爱国情绪，王尔琢在学校里多次举行演讲会，抨击时弊。王尔琢的口才很好，时而冷静客观，时而声泪俱下，听过他讲演的人都会被他身上的浩然正气所带动，从而深受鼓舞，加入示威游行。

　　1921年的冬天似乎格外的寒冷。狱中的劳工会领袖黄爱、庞人铨因不屑于反动派的金钱诱惑，惨死在屠刀之下。两位英烈殉难的消息传出后，在毛泽东的主持下，长沙各界在船山学社召开了追悼会，印发纪念刊物，通电全国，并分发了《黄、庞精神不死》的文章。长沙人民开展了反对军阀统治、资本家压榨工人的斗争。王尔琢、郑洞国和学友会其他负责的同学一道，带领同学们上街游行示威，散发传单，张贴标语，抗议军阀的暴行，追悼烈士。

　　没有耕耘，哪来收获？
　　没播革命的种子，却盼共产花开！
　　梦想赤色的旗儿飞扬，却不用血来染它。
　　天下哪有这等便宜事？

　　这是后来周恩来在柏林写的悼念黄爱、庞人铨烈士的著名诗句。黄爱和庞人铨是社会主义青年团的早期团员，是我党成立之后最早牺牲的烈士。

在一系列实际的斗争中，王尔琢目睹了劳苦工农的贫困和统治阶级的腐朽，对原先抱下的"实业救国"的信念产生了怀疑。

在附中学习的时候，王尔琢最喜欢的地方就是图书馆。在那里，第一次看到《共产党》月刊时的他，内心的激动是无以言表的！第一号《短信》是陈独秀写的，明确宣布："我们要逃出奴隶的境遇……我们只有用阶级战争的手段，打倒一切资本阶级，从他们手里抢夺来政权；并且用劳动专政的制度，拥护劳动者的政权，建设劳动者的国家，以至于无国家。"并号召中国人民"用革命的手段打倒本国外国一切资本主义阶级，跟着俄国的共产党一同试验新的生产方法"。这些话是多么新鲜！它们给他勾画出一个新的世界，给他一种强烈的诱惑和向往。王尔琢对政治发生了浓厚的兴趣，特别是一些新的观点使他的思想有了飞跃。那时，他虽然还不知道成立了中国共产党，但是他对马克思的理论却十分欣赏。他喜欢《新青年》、《少年中国》等刊物。

王尔琢爱好演讲，在同学中颇有威信，他经常向同学们讲述他从报刊上读到的工人起义。

从这些报刊中，他看到了工人团结起来的力量，也看到了斗争的美好前景。为了使同学们更方便地看到这些进步书刊，王尔琢与校学友会负责人商量，以学友会名义在校内开设一个出售进步书刊的书店。在王尔琢紧锣密鼓的筹备下书店终于开起来了，同学们十分踊跃地来书店看书买书，进步思想在校园中被更广泛地流传。而王尔琢由于"敢于任事和擅长争辩"，因此为同学们所拥戴，被推为校学联的组织干事。

在全国第一次工人运动的高潮中，劳动组合书记部湖南部分，领导了长沙泥木工人大罢工。据当时任泥木工会委员的袁福清在1951年时回忆说：请愿队伍从早上8点到长沙县衙门斗争至第二天早上4点。尽管军阀们用武装威胁、下令恐吓等手段，都没能吓退工人。泥木工人经过二十天罢工斗争，在长沙各工团工人及中国劳动组合书记部的支援下，罢工斗争获得了完全胜利。谈判的结果，不仅三角四分一天的工资保证了，而且还获得了"营业自由"，从此工人要加工资，政府不得干涉。

代表们回来向工人们传达了胜利的结果，会场上掌声雷动，高呼起"胜利万岁"的口号。长沙泥木工人的这次罢工胜利，鼓舞了长沙地区和全湖南省的工人。从此，工人运动风起云涌地在湖南开展起来。同样受到鼓舞的王尔琢与省学联宣传队员一起走上街头，声援为二七惨案中遇难工人家属募捐。

二七惨案就是1923年2月7日中国直系军阀吴佩孚镇压京汉铁路工人大罢工的流血事件。1923年2月1日，京汉铁路各站工会代表在郑州召开总工会成立大会。吴佩孚撕掉"保护劳工"的假面具,命令军警用武力加以阻挠和破坏,并封闭总工会会所。总工会当即组织全路两万工人举行总同盟罢工,并将总工会移至武汉江岸办公。2月4日总罢工开始,各站工人一致行动,全线所有客货车一律停开,京汉线立即陷于瘫痪。京汉铁路总工会江岸分会委员长、共产党员林祥谦,纠察队长、共产党员曾玉良,领导工人粉碎了军阀破坏罢工的阴谋。2月6日,湖北工团联合会和京汉铁路总工会法律顾问、共产党员施洋,发动武汉各工团代表两千余人赴江岸慰问,并和铁路工人万余人举行集会和游行示威。2月7日,曹锟、吴佩孚等派大批军警分别在长辛店、郑州和武汉江岸等处进行血腥镇压,工人被杀四十多人,伤二百多人,被捕

▽ 二七惨案

六十多人，遭开除一千多人。这次惨案暴露了军阀的残暴，显示了中国工人阶级的革命坚定性和组织纪律性。王尔琢听说这场惨案后，马上率领其他爱国学生上街游行、募捐，此举为开展得如火如荼的革命斗争再添绚丽的一笔。

为了抗议日本帝国主义拒不归还租借期满的大连、旅顺军港，湖南成立了"外交后援会"，王尔琢积极参加了后援会的反日活动，他和纠察队员一道，在金家码头检查日货，禁止戴生昌公司的日轮靠岸。在内河上行驶多年的"戴生昌"日轮，其经营状况也日趋惨淡。

在长沙的日子里，王尔琢有更多的机会拜访毛泽东开办的"文化书社"，在那里他读到了《共产党宣言》、《阶级斗争》等革命书刊，了解到了中国共产党，知道了关于共产主义和共产党的主张，这些使他茅塞顿开，视野大展。他终于找到了工农劳苦大众受剥削、受压迫和中国贫弱的真正根源，他决心抛弃"实业救国"的幻想，投身到打破帝国主义和封建军阀反动统治的实际斗争中去。

1923年底，他在船山学社加入了社会主义青年团，在追求真理的道路上迈出了重要的一步。

# 投笔从戎的青年

## (1924-1927)

→ **黄埔骄子**

★★★★★
（21岁）

1924年1月，国共两党实现合作的革命统一战线正式建立，孙中山在共产国际和中国共产党的帮助下，准备开办黄埔陆军军官学校。国民党湖南省党部尚在筹备中，选拔学员的工作由湘区委员会秘密进行。王尔琢立志投笔从戎，报考军校，参加革命。他毅然中断了只差一个学期就要结业的课程，匆匆回家告别了新婚的妻子，到长沙清水塘向具体负责招生工作的何叔衡报名。

何叔衡在长沙挑选了一批以共产党员和共青团员为主的青年，于1924年3月初的一个夜晚在清水塘秘密组织考试。王尔琢在以《试述投考黄埔军校的志愿》为题的作文中，表达了自己愿为劳苦大众的解放而效命沙场

△ 刘畴西

的殷切心情，因此被中共湘区党组织初步录取。另外赵自选、郭一予、陈作为、袁仲贤、刘畴西等十七人，亦被同时录取。这些人由赵自选带队去上海参加复试。共产党人毛泽东主持了在上海的复试，考国文、数学、物理、化学四门。湖南考生的文章写得很好，但其他科目较差，所以只录取了成绩较好的王尔琢等八人，并发给他们证书和路费，指定他们去广州参加最后的全国总复习和入学考试。

当时，"到广州去！"已经成为全国各地抱有爱国理想的广大热血青年的共同呼声。一路颠簸，一路向往，王尔琢就这样来到了广州。经过几天紧张的复习，最后的笔试即将在广东高等师范学校举行了。感到最后的成功指日可待时，激动不已的王尔琢辗转难眠。回想起这几天的经历，他顿觉热血沸腾，走过百转千回，趟过磕碰牵绊，自己终于找到了一条正确的救国救民的道路，这怎么能不让他热血沸腾？

笔试这天上午，广东高等师范学校的大门口，赫然贴着带有箭头的"国民政府陆军军官学校考场"字样的指示路标。旁边还贴有一张"陆军军官学校考试委员会启事"：

本会奉帅令组织执行简章规定之职权，所有考试及审查方法，一以公正无私，细密严谨之旨行之，以期选拔优才，无负重托。而连日以来本会各职员接获各方同志友好推荐要录之函件甚多，稍有徇私，不特无以示大公，亦违本会组织之本旨，与五权宪法中考试独立之精神相抵触，贻弊滋多。尚祈信仰主义，恪守规律之各同志友好深予体谅，不胜原幸，特白。校内，凡辟为考场之各教室均已编号。

考生们手持"准入证"，纷纷寻找各自要去的教室，王尔琢被分到"第三考场"。每个考场除了监考的军校工作人员外，教室门口还站有从大元帅大本营临时抽调来的警卫团士兵。他们个个手持武器，给本已紧张的考场气氛，蒙上了一层神秘和威严的色彩。

首先进行的是作文，题目是"论中国贫弱的原因和挽救之道"，此题是由当时被誉为国民革命理论家的戴季陶所出。当看到这题目后，王尔琢心中要吐的肺腑之言，犹如滔滔江水，连绵不绝。长久的耳濡目染，亲身经历，让他对于中国贫弱的原因，有着详尽而又独到的解释。此刻他仿佛化身为一个冲锋陷阵的战士，而手中的笔也成为诛伐贫弱中国的利器，手握神器，王尔琢在战场上披荆斩棘，所向披靡。正当大部分考生抓耳挠腮，不知如何下笔时,王尔琢踩着交卷的铃声,信心满溢地走出了考场。

教室外面,他碰见了同来的郑洞国。"考得怎么样?"郑洞国问。

"不知道,不过像这样的考试,还是挺痛快的!"王尔琢反问道,"看你脸上那副得意,想必考得也不差吧!"

郑洞国说:"只是答得很痛快罢了!哈哈!"两人相视大笑。

由于王尔琢是学工科出身,所以在后来所考的数学、地理等几门课上也表现得驾轻就熟。

在口试现场,面对蒋介石、廖仲恺以及众主考官们尖锐的提问,王尔琢用一番情真意切、高亢饱满的动人演说,博得了满堂的赞赏。

考试结束了,王尔琢以各科成绩优良的正取生资格如愿以偿地考入了梦想中的黄埔军校。

其实在黄埔军校考试前夕还有一段小插曲,就是王尔琢在旅馆意外碰见了同乡同学郑洞国。原来郑洞国和王尔琢并不是一起报考黄埔军校的,但是英雄所见略同,郑洞国听说王尔琢去广州后,也立刻动身出发前往广州,同样是满腔热血,同样要精忠报国。他乡遇故知,两人都十分高兴，甚至不敢相信自己的眼睛。与王尔琢在一起的还有两位朋友，其中一位中等身材、眉清目秀的青年是贺声洋，也和郑洞国一样是石门中学读书时的同学；另一位生得矮矮胖胖、年纪略大些的叫黄鳌，是湖南临澧县人。大家都是为投军而来，志向相同，所以也都一见如故。王尔琢向刚来的郑洞国介绍了情况，他们当中黄鳌到广州最早，已通过军校考试录取了，他和贺声洋幸好赶上最后一批报名。军校第一期的报名已经截止，他建议郑洞国留在广州等待军校第二期招生。听到这里郑洞国大失所望，深悔当初未能早动身几日，以至错过时机。正在大家都觉得惋惜的时候，默坐在一旁的黄鳌慢吞吞地说："既然郑洞国如此心切，我倒有个主张，不知能否试试？""什么主张？请黄兄快讲！"郑洞国忙问。原来黄鳌初到广州时，担心一次考不取，先后报了两次名。现在他已被录取，却还空着一个名额，建议郑洞国顶着他的名字去考试。郑洞国想了想，觉得除此也无他计，就决定大胆冒名一试。就这样才有了郑洞国同王尔琢一起参加考试的情景，虽是冒名一试却金榜题名，郑洞国梦寐以求的愿望终于实现了，同时各路英雄也开始了他们戎马生涯的一生！而郑洞国冒名考试的事情在入学不久也得到了老师的谅解。

第一期学生共 470 名，合起来组成了学生总队，邓演达为总队长，下面分编一、二、三、四队，统为步兵科。其中第四队是由备取生编成的。至 9 月，又将四川省续送的 20 名学生和军政部讲武堂选拔来的150余名学生,合组为第六队(第五队是第二期学生队号)。王尔琢被分在了一队,一队是军校中四个学生队中入学时考分最高、成绩最优秀的一个队,著名的共产党员蒋先云就在这个队中。王尔琢常常与共产党员同学蒋先云、徐成章、周士第、徐向前等研讨军事和政治问题,交往很密切。而郑洞国和黄鳌、贺声洋都在第二队,后来成为解放军高级将领的周士第将军及原国民党将领黄维、李奇中将军等也都在第二队。

军校原名"陆军军官学校",因校址在广州市郊区约二十公里处的黄埔长洲岛,故简称黄埔

▽ 陆军军官学校

军校。黄埔岛四面环水，又地处长洲要塞，为广州军事重地，孙中山先生特地选中这个地方为校址。

孙中山先生欲建立一个培养革命军事人才机构的愿望由来已久。他一生致力于国民革命，却率起率败，特别是1922年陈炯明叛变革命，"祸患生于肘腋"，更使中山先生受到极大的触动。惨痛的失败教训使他认识到，必须建立一支真正的革命的军队，作为取得国民革命胜利的保证。1917年俄国十月革命胜利的经验，给予中山先生以极大启示，在共产国际代表马林，苏俄代表越飞，中国共产党人李大钊、陈独秀、林伯渠等人的热情帮助下，中山先生毅然改组了国民党，重新解释了他的三民主义，实行联俄、联共、扶助农工三大政策。同时又在苏俄和中共党人的积极协助下，加紧筹建黄埔军校。因此，黄埔军校的建立和后来在大革命时期的发展，可以说是中国近代历史上国共第一次合作的产物。

孙中山先生对黄埔军校寄予了极大的期望，他亲任军校总理，并委任蒋介石为校长，廖仲恺为党代表，此外，当时国共两党中的许多要人都在军校各部门中担任重要职务。如周恩来担任政治部主任（最初由戴季陶、邵元冲担任）；李济深、邓演达分任训练部主任、副主任（邓演达负实际责任）；王伯龄、叶剑英分任教授部主任、副主任；林振雄任管理部主任；周俊彦任军需部主任；何应钦为军事总教官。政治教官以共产党员为主，主要有恽代英、萧楚女、聂荣臻（兼政治部秘书）、高语罕、张秋人、于树德等。还有苏俄政府派来的鲍罗廷、加伦、巴甫洛夫、切列潘诺夫等富有军事和政治经验的专家指导军校的建设。

黄埔军校自创建之初,就洋溢着生气蓬勃的革命气氛,一入军校大门,便望见大门上嵌着"革命者来"的匾额,门两侧写有"升官发财请往他处,贪生畏死勿入斯门"的对联,校内还张贴着许多诸如"拥护三大政策"、"民主主义就是共产主义"、"打倒帝国主义"、"打倒封建主义"等标语、对联,师生们高唱《国民革命歌》和《黄埔校歌》,精神焕发,充满了革命激情。

6月16日,黄埔军校正式举行了隆重的开学典礼。这一天是所有黄埔一期同学终生难忘的。清晨,近五百名师生,列队肃立在军校门前,恭迎总理孙中山先生前来参加开学典礼。上午8时,孙中山偕夫人在廖仲恺、胡汉民、汪精卫、张继、林森、伍朝枢、谭延闿、程潜、邵元冲、许崇智、李福林、孙科等人陪同下莅临军校。那天,孙中山头戴"拿破仑"式白帽,身着笔挺的白色中山装,精神饱满,神采奕奕,一边率先前行,一边频频向师生们招手致意。随后,孙中山先生在军校大操场举行的开学典礼上,向大

△ 黄埔军校第一期学生在开学典礼上

家作了题为"革命军的基础在高深的学问"的长篇演讲。

孙中山站在讲台上，神态安详，目光炯炯，深入浅出地以其毕生从事革命事业所得出的深刻教训，谆谆教诲黄埔师生。讲台下鸦雀无声，大家列队肃立，凝神静听。王尔琢从小受历史老师的熏陶，非常崇敬孙中山，此刻又是平生第一次目睹孙中山的风采，并亲耳聆听他的教诲，心情兴奋极了。他目不转睛地望着孙中山，努力将他的每一句话、每一个字都铭刻在脑海里。他很意外，像孙中山这样一位伟大的思想家和革命家，讲话竟是这样通俗明了，使人一听就懂，更没有想到，革命竟是如此艰难、曲折，成立革命军队的意义竟是如此关键、重大！

孙中山的这一席教诲，总结了中国革命的教训，阐明了黄埔军校的宗旨，提出了对学员们的殷切期望，真似一场春雨滋润了大家的心田，王尔琢仿佛觉得自己的思想、眼界一下子开阔了许多。一群年仅20岁左右的青年学生们，虽有一腔爱国热血，但当时对许多革命道理和建立革命军队的意义及宗旨，还是十分隔膜的。孙中山的长篇演讲给大家上了第一堂生动实际的政治课，使大家开始懂得了建立革命武装对于完成国民革命的重大意义，以及革命军人所肩负的救国救民的重任，也更加坚定了追随孙中山先生革命到底的信心和勇气。

黄埔军校的军事教学课程分为学科和术科两种。学科，包括步兵操练、射击教程、战术学、兵器学、交通学、筑城学、军制学等理论课；术科，包括制式教练、战斗教练、实弹射击、行军宿营、战斗联络等军事技术。当时军校采用的军事教材基本上都是由苏联顾问提供的，无论从军事理论或军事技术角度上看，内容都比较新。教员们在工作中都是非常认真、负责的，有时甚至达到了十分严厉的地步。有位教官在给王尔琢等人上课的时候，总是先认真地讲授各种动作要领，并辅之以示范动作，经学生们相互演练后，他常常接连唤出学生同他格斗，以检验学生的勇气和学习成效。就是这样严格的训练，使得每个黄埔学子都受益匪浅，为以后大家走上东征和北伐战场、破敌攻城、屡建战功打下了良好的基础。可以说黄埔军校不仅教给了学生过硬的军事本领，也传授了大无畏的革命精神。军校对

△ 周恩来与王尔琢

于学员们的时间安排很紧凑，一天中除了超负荷的术科训练，以理论知识为主的学科也不允许大家有丝毫的怠慢。王尔琢始终觉得学习时间不够用，一分钟恨不得掰成几分钟来使用，每天学习过后他还要进行系统的复习。由于他起早摸黑地学理论练功夫，门门功课的成绩都是优秀。再加上他的活动能力强，所以，他在同学中很有些名气。

王尔琢是周恩来最得意的学生之一，然而当王尔琢成为黄埔学员的时候周恩来还不是黄埔军校的政治部主任。

1924年周恩来第一次踏上了黄埔岛。和黄埔学员第一次见面，26岁的周恩来着一身灰色的军服，头戴大檐帽，腰间束一根宽宽的皮带。

两道浓黑的长眉下闪动着一双深邃而智慧的眼睛。随后，周恩来即向全体师生、各级长官做了简短而富有激情的演讲。

见面仪式一结束，李之龙、蒋先云、王尔琢等立即把周恩来团团围住了，向他提出各种各样有关国民革命的问题，周恩来针对每个人的问题做了耐心的解答。随着周恩来的到来，黄埔军校政治部的工作不再是空架子，各种政治活动也有声有色地开展起来。他对政治工作抓得很紧，常常亲自讲课，讲话时声音铿锵有力，简明扼要。特别是他讲课的内容深入浅出，生动新颖，颇受大家欢迎。周恩来选拔了一批成绩突出、表现优异的学生出任各级党代表职务。这个时候王尔琢出色的表现已经引起了周恩来的注意，师生俩常常在一起讨论革命的未来。

王尔琢特别喜欢听周恩来、恽代英等人的演讲，每月所发的几元生活补贴费，他几乎都用来买《列宁传略》、《中国青年》、《共产主义ABC》等革命理论书刊。扎实的理论基础，使得王尔琢更加坚信，只有坚持革命，才能使中国脱离贫弱摆脱受剥削受压迫的地位。他还将理论和实际相联系，协助蒋先云、杨其纲等人出版了黄埔军校第一本自己的刊物《士兵之友》。当《士兵之友》创刊号发到校本部和各部、处，各学生队时，正是上午操课结束，午饭之前。学生们刚刚回到自己的寝室。当那一张张四开八版、刻印考究、尚散发着油墨香的小报在学生们面前一出现，"我们的报纸！""我们黄埔军校的报纸！"顿时成了各级长官、教官、学生们的抢手之物。看着大家纷纷拥上前去，争相领取报纸认真阅读，王尔琢感到从未有过的欣慰。他自己也拿起了一份报纸，仔细地阅读之后便把这份小报藏在自己的枕头下面，当做稀有的珍物一般加以保存。

黄埔军校创办于一个非常的历史时期，一开始就引起了中外反动势力的仇视，特别是在广州的一些军阀武装，更是把它视为眼中钉、肉中刺，必欲去之而后快。那时广州外有盘踞在东江地区的陈炯明势力，时时企图卷土重来；内有各省前来依附的军阀部队和广州反动商团武装，他们相互勾结，伺机起事。革命政权几乎每一天都面临着内外敌人倾覆的危险，环境十分险恶。

1924年末，是黄埔军校所有学生都难以忘记的，那是他们第一次同反动势力——广州商团进行实质的斗争。香港汇丰银行陈廉伯密运枪械被孙中山得知，他率领黄埔学员将这些枪械扣押，由此引发了商团的武装叛乱，叛乱愈演愈烈，妄图推翻广东国民政府。这是个枪杆子里出政权的时代，扣押的9000支各种枪械和所有弹药，对于初期的黄埔军校实在是太重要了，只要有这些枪支弹药在，黄埔军校就能在这个社会中站稳脚跟。王尔琢记得当时打开"哈佛"号船舱看见那一捆捆、一箱箱的长短枪支，心里抑制不住地激动。他们只用一个小时便将所有枪械和弹药全都搬上了岸，按照孙中山的指令，在黄埔军校一间临时腾出的军械仓库内封存了起来，由黄埔学员轮班看管。

陈廉伯哪里肯善罢甘休，先是指使银行、米市罢市，随后又勾结电力部门使电车停运,导致了广州市内交通断绝,粮米停供,一场蓄谋已久的商团武装叛乱迫在眉睫。而黄埔师生自从扣押商团枪械之后就一直处于战备的状态,白天除了正常的上课、操练,还要抽出部分人员环岛修筑防御工事,夜间也要轮流担任警戒任务,防止敌人夜袭。虽然师生们都感到十分的疲倦,尤其是睡眠严重缺乏,但却无人叫苦发牢骚。大家都知道现在所处的环境有多么的险恶,必须要时刻保持高度的警惕和高昂的革命斗志。就在黄埔师生悉心备战之

▽ 广州市第一公园

时，代理大元帅胡汉民却和商团勾结一气，暗度陈仓，以广东革命政府的名义迫使黄埔军校交出扣押的枪械。无奈之下黄埔军校勉强同意发还了部分枪械，但商团的反动气焰并未因此而稍减。

10月10日，广州市第一公园内，周恩来做了慷慨激昂的演讲，并领导了游行示威。周恩来和各位黄埔学子整齐地走在游行队伍的最前列，高喊着"打倒商团，杀陈廉伯，拥护革命政府"的口号，只听得号枪一响，商团军立即向游行的群众施放排枪，当场打死二十多人，其中黄埔军校学生四人。愤怒的黄埔学生不顾雨点般射来的枪弹，纷纷向商团军冲去，一批又一批的学生倒下了，鲜血染红了脚下的路。当王尔琢抬着死难的同学的尸体回到黄埔军校的时候，再也按捺不住心中的冲动，他马上写了一封情真意切的请战书，要求开赴广州，消灭陈廉伯。对于商团的叛乱，身为当时黄埔军校校长的蒋介石早就不想忍耐了，他详细地安排了作战计划，把黄埔学生分为四个队，针对不同的目标开始进行反攻。王尔琢和他的第一队学生去往石井兵工厂，担任孙中山的卫队。大雨如注，学生们手持武器在街面上行进，浑身湿透，可是没有一个人到街旁的屋檐下去躲雨。市民有的打开门，静静地打量着这支从未见过的有着铁一样纪律和意志的军队。战斗开始了，同学们怀着保卫孙中山，保卫革命政府，为死难同学复仇的怒火向敌人猛扑过去。王尔琢带领一个学生分队在去往石井兵工厂的路上碰到了一伙商团武装，他们见到气势昂扬的黄埔学生，早就吓得魂飞魄散，乖乖地束手就擒。

商团武装本是一群乌合之众，哪里是黄埔军校学生的对手，结果可想而知，商团残部在黄埔师生的包围下被迫全部缴械投降。当初骄横不可一世的商团头子陈廉伯，此时只好灰溜溜地躲进英国领事馆。这件事使黄埔军校学生第一次真正走出了黄埔，把自己呈现在广州各界和广大市民面前。他们在这次战斗中初试锋芒，先声夺人，表现十分出色，同时也经受了一次实际的军事锻炼，从此黄埔军校名声大振。

而王尔琢由于各方面表现出色，1924年底，经周恩来介绍于黄埔军校正式加入了中国共产党。

1924年11月30日，王尔琢由黄埔军校毕业，毕业证书是孙中山签名颁发的，上面写着："本校第一期学生王尔琢，按照本校规定，步兵科教育修学期满，考试及格，特给证书。"毕业后，由于他品学兼优被留在黄埔军校担任学生队的分队长。

从此王尔琢做革命工作更加有动力了，他加入了以共产党人为主体的"青年军人联合会"。在青年军人联合会成立的那天，他带领着与会者走上街头，高举自己的旗帜，散发准备好的传单，高呼着"打倒军阀、打倒陈炯明、打倒帝国主义"、"中国青年军人联合会万岁"等口号，举行了声势浩大的游行活动，游行队伍自广州大学出发，一直走到黄花岗附近，一时间，广州市内万人空巷。

##  参加东征

★★★★★

（22—23岁）

军阀陈炯明一直对广东革命政府虎视眈眈，总想将广东全部纳入自己的势力范围。为了进一步巩固革命阵地，1925年1月15日，广东国民政府发布《东征宣言》，以黄埔军校的学生军为主力，进行东征讨陈战役。当时王尔琢在学生军第一教导团任连党代表，随部乘坐兵船，从黄埔港南面驶向东莞。

东莞县城内沸腾了。据《上海民国日报》

东莞6日通讯：5日，校军初到时，东莞人民因长期深受陈军之掠夺欺压和前日两军交战之枪弹惊吓，尚未深信革命军与他处军阀土匪武装之异点，街上无一行人，市中店户，均关门停止贸易，偶有从门缝隐蔽处向外窥望者。待校军整齐严明之旅，官兵皆目不斜视，走过民宅店铺时，无一欲想进入以图不轨，水米不取，寸草未折，及到军校本部派出之宣传队于街头遍贴布告、传单，并在市上散发孙大元帅照片时，先是一老妇人走出去要了一张，即高呼"杀陈炯明！"市民渐次纷纷涌出，时西门有一经营鞭炮人家，店主将门大开，先于自家店前挂出一500响花炮，并着人悉将店中所存鞭炮沿街散送，霎时，全城鞭炮声四起，围途百姓皆对黄埔校军之到来拍手欢迎，"欢迎革命军，杀死陈炯明"的口号此起彼伏。

正所谓得民心者得天下，有了这样牢固的人民基础，黄埔军校此次东征势在必得。

王尔琢所在的第一教导团登陆后沿广九铁路向战区开去，在迫近惠州南面的淡水停了下来。校长蒋介石下令进攻淡水城，可敌人占领的地势居高临下，并不断向我军射击，攻城并不容易。而且敌军已得知我们要攻打淡水，急派援军赶赴这里。情况明摆着，黄埔学生军必须在敌人援军到达之前，攻进淡水，否则胜负难以预料。情急之下，校长下令挑选奋勇队员作为攻城先锋，奋勇队员主要由一团二团的各位党代表组成，王尔琢就是其中一位。24日夜晚，在敌军猛烈的炮火攻击下，奋勇队员们出发了，他们架竹梯攻城，可是梯子还没等架到城头，就被敌人用铁叉推倒。一批批的奋勇队员倒下了，而一排排的奋勇队员又冲了上来。最后凭借大家不畏惧死亡的勇气，黄埔军校的学生军终于杀开了一条血路，登上了城头。经过激烈的交战，他们迅速歼敌，占领了淡水城。而后当残敌尚在继续肃清中时，王尔琢就得到上级命令，说陈军的洪兆麟已带援军两千人到达淡水，命他们准备迎战。又是一场恶战，黄埔军全歼敌人。各部清理战场，淡水一仗，城内外共歼灭陈军三千余人，俘敌两千人，打破了陈炯明所谓淡水"固若磐石"的神话，为整个东征的胜利打下了基础。此后，学生军连续打退了陈军的三次反攻，先后占领了普宁、梅县等地方。整个东征过程黄埔军校虽然损失也不小，但最终将陈军赶出了广东。从此，黄埔军校名声大振，使敌人闻风丧胆。

　　东江刚刚收复，黄埔革命军就收到了孙中山在北京逝世的消息，霎时全军处于巨大的悲痛之中。留守广州的滇桂军阀杨希闵、刘震寰也得知了这一消息，他们本性大露，见革命军主力远征，市内空虚，便趁机发动叛乱，都想要夺取广州大元帅领导权。黄埔学生军领命声援广州，王尔琢随军又转战广州。杨、刘叛军占领广州后，在城内大肆烧、杀、抢、掠，使一向拥护革命政府的广大百姓遭受残害和苦难。革命军打到广州后，得到了当地百姓的一致拥护，百姓和学生军里应外合，打垮了近六万人的叛军。仅仅两天时间，广州被全面收复，年轻的黄埔军教导团再次在革命政府和广州各界面前显示了其无可比拟的战斗精神。

1925年7月6日，黄埔学生军改编为国民革命第一军。王尔琢由于表现出色，并在东征中作战勇敢，提升为营长。9月，陈炯明联合段祺瑞为了扑灭革命的热火，再次进军侵犯东江地区，国民革命军开始了第二次东征。

▽陈炯明乘东征军回师之机，再次遣兵东江。1925年10月，国民政府举行第二次东征。10月14日，东征军攻克号称"南中国第一天险"的惠州城。图为惠州城被革命军攻克的情景。

惠州是个易守难攻的地方，城墙高达两米，厚一律两丈多，均为宋代用大青石、糯米汁砌成，异常坚固，曾经被何应钦评价为"南国第一坚城"。陈炯明仰仗着惠州城的地理条件，把自己最后的王牌军队都压在了那里。惠州城下王尔琢又一次担任了先锋任务，攻城之前他把自己随身的东西都收拾成一个小包袱，上面写好了自己家里的地址，准备万一回不来了，请组织寄回自己的老家去。攻城开始了，王尔琢和其他先锋队员们冒着枪林弹雨连续攻城，夺得了桥头阵地，打开了前进通道，为消灭军阀陈炯明，收复东江，巩固广东革命根据地立下了战功。

1926年3月，蒋介石制造了中山舰事件，排斥国民革命第一军中的共产党员。但是蒋介石很器重王尔琢的军事才干，劝他退出共产党加入国民党，并许诺提升他当团长。王尔琢回答说："校长也喊国际共产主义万岁，我为什么不能信仰共产主义？"问得蒋介石哑口无言，场面极其尴尬。那段时间，担任国民革命军第三军党代表的朱克靖（共产党员），正在广州开办第三军军官学校。第三军是由滇军改编的，军阀习气浓厚。为了推动这支旧军队的改造，他向中共广东区委负责人陈延年、周恩来要求增派政治工作干部。为此，王尔琢受中共广东区委军委书记周恩来的派遣，经朱克靖推荐，到第三军第九师第二十六团任党代表。王尔琢到任后首先对部队进行了政治教育，他提倡官兵平等，废除打骂制度，使每个士兵深受感动，随之人生观、世界观发生了很大的变化，由以前的被迫参军转变为心甘情愿为革命去奋斗。因而使二十六团的纪律性和战斗力都得到了加强。

 **投身北伐**

（23—24岁）

为完成孙中山遗志，实现统一中国的美好理想，1926年7月国民革命政府发表了北伐宣言，革命军从广州出师北伐。北伐军兵分两路，东路军辖第一、二、三、六军，由蒋介石自任总司令，分别向江西和福建进军。第三军辖第七、八、九三个师，第三军军长朱培德兼第九师师长，从湖南醴县取道赣西向南昌进发。因为第二十六团团长李明扬突然病倒，送回广州治疗，任二十六团党代表的王尔琢代行团长指挥。为了要把这支老牌的赣军改造成为真正的国民革命军，王尔琢和其他党员一道，团结进步力量，使党的统

△ 黄埔军校北伐誓师大会

一战线工作在东路先遣军中开展得较为顺利，派去的党员均安置在各个部门担任党代表。王尔琢提出了部队的革命宗旨，并经常向部队讲述北伐战争的重要意义、目的，讲述官兵们的责任，强调部队各级党代表要身先士卒，带头执行各项纪律。他很注意这个团队的行军纪律，他要求全团"不拉夫，不赶牲口，不打骂百姓，买东西照价付款"。为了鼓动队伍士气，他常常走到部队之前，沿途张贴标语，召开群众大会，发动工农群众支援北伐战争。由于他卓有成效的工作，当部队进入江西萍乡县境内时，守敌望风而逃，群众敲锣打鼓，端茶倒水，夹道相迎。当地百姓主动为革命军指引道路，运送伤员，或组成各种自卫队、农民团、支前大队等积极支援部队作战。

军长朱培德看到这种热烈的场面非常高兴，连连称赞王尔琢："还是你们共产党有办法。"

9月，王尔琢所在的东路军包围南昌。第一次进攻，由于蒋介石指挥失误，第一军和第六军受到重大损失。接着，第三军被派去夺取南昌郊外的牛行车站，与北洋军阀孙传芳部四个混成旅激战三昼夜，伤亡近半。第二次进攻南昌，王尔琢率一个营摸黑来到南昌城外。为了弄清楚城内情况，他们抓来一个"舌头"，弄清了敌人口令。他立即带领部队攻城，与前来拦截的敌人展开激战。第二天拂晓，因敌我力量悬殊，情况危急，他命令该营营长率部突围，自己带少数人掩护。王尔琢抱起一挺机枪，站在民房上，用猛烈的扫射堵截敌人。等战士们安全撤出后，他佯装中弹，身子一歪，从屋脊上滚下来。在敌人"打中了"的狂叫声中，他悄悄地绕过敌人腹背回到了部队。途中，遇上了准备前来寻找他遗体的同志，问明情况后，他诙谐地对大家说："我的遗体还是由我自己来搬运吧！"大家看见团长奇迹般地活着回来，都高兴得欢呼跳跃起来。11月，西路军结束两湖战役，移师江西，与东路军夹击孙传芳主力，第三次进攻南昌，终于攻克了南昌城。

攻克南昌之后北伐军兵分三路，第四、八军在西，沿京汉线北上；第二、六、七军居中，向安徽、江苏进军；第一、三军继续组成东路军，攻取浙江。第三军军长朱培德留在江西担任省政府主席。恰在此时，原二十六团团长李明扬病愈，从广州到达南昌,朱培德便将所兼任的第九师师长的职务交给李明扬。第九师是东路的先遣部队,由师长李明扬、党代表王尔琢率领。在桐庐战役中,李明扬被炮弹打伤,再次去后方养伤,由王尔琢代理指挥。后来的激战中王尔琢的左手也负了伤,但他仍然坚持指挥,直到攻下桐庐,才让卫生员包扎伤口。攻克了桐庐县城,为北伐军进军浙江开辟了通道。这时,由于北洋军阀浙江省长夏超在杭州倒戈,周恩来等领导的上海工人第三次起义取得胜利,使东路先遣部队势如破竹,直抵京沪杭地区。

1927年4月,蒋介石在发动反革命政变前夕,对近在咫尺的东路先遣部队很不放心,派两个亲信去拉拢王尔琢,说总司令准备扩充40个军,要提升王尔琢为军长。王尔琢冷笑道:"给个军长太小了,最好给个'军阀'!"两个说客瞠目结舌,便把原话传到蒋介石那里,蒋介石见软的不行,便来硬的。他密令李明扬将东路先遣军中的共产党员一网打尽,就地处决。李明扬接到密令后很是惊讶,他很佩服王尔琢的为人,平时相处甚好,于是他没有执行密令,而是把密令交给王尔琢看了,并劝他把手下的人都带走,越快走越好,免遭不测。王尔琢当机立断,布置师内所有党员迅速离开东路先遣军。

王尔琢离开东路先遣军后,来到了上海,在中共上海区委领导下从事工人运动。不久,党组织决定派王尔琢护送周恩来去武汉。刚刚撤离东路先遣军来到上海的王尔琢,手中没有路费,便通过徐彬如(解放后任中国革命历史博物馆馆长)向李明扬借到了500元钱,于5月22日护送周恩来离开上海,几经周折,抵达武汉。武汉是国民政府的所在地,这时还维持着国共合作的局面。抵达武汉后,王尔琢立即写信给那些已脱离东路先遣军的党员同志,要他们尽快来武汉集中。这些同志抵达武汉之后,他又通过党组织,将他们安排在中央军事政治学校或武汉国民政府警卫团。

王尔琢所参加的黄埔军校的北伐之战,到此便告一段落了。

 侠骨柔情

★★★★★　　　　　　　　（24岁）

我们都知道王尔琢轰轰烈烈的英雄事迹,但是却很少有人知道英雄背后的儿女情长。王尔琢在武汉的时候曾经向湖南老家去了一封信,要妻子郑凤翠带着已经年满3岁但从未见过父亲面的女儿桂芳来武汉,并在武昌黄土坡21号租了一间房子,等待她们母女的到来。但不久武汉风云突变,蒋介石发动了四·一二政变,汪精卫政府决定"清党"、"分共",大肆屠杀共产党员。中国共产党准备在南昌发动武装起义,派在武汉的王尔琢去第四军二十五师七十四团任参谋长,7月下旬王尔琢随军东下江西。未能同爱妻幼女见面的王尔琢,后来随好友宋人杰来到黄土坡21号时,面对着那间只有家具不见人的房子,心中无限惆怅。他默默地凝视着窗外,经宋人杰提醒,他才拆阅了妻子留给自己的信:

尔　琢:

　　我和你女儿小桂芳,于2月2日从家动身,在长沙住了三个月,直到28日,才好不容易来到武汉,来到你约我和桂芳会面的地方。不知你到哪里去了,没有见到你,小桂芳心里很难过……

　　小桂芳很像你,在家里很听话,还能帮我做些小事情。以后你不回来看桂芳,我是不会再带她出来了,你晓得吗?我和小桂芳出来一趟,好不容易啊……

　　读着妻子哀而不怨、情意绵绵的信,王尔琢

热泪盈眶。但是，对敌人的愤怒，对革命的担忧，对战斗的渴望，取代了儿女情长！王尔琢后来给家中写了一封情真意切的信，表示了心中的愧疚。信中说：

父母大人：

凤翠母女此次来汉，未能见上一面，心中定会十分难受。她娘家父母双亡，我又在千里之外，望大人把她当做亲生女儿对待，见她如见儿一样。儿何尝不思念着骨肉的团聚？儿何尝不眷恋着家庭的亲密，但四·一二烈士殷红的血迹燃起了儿的满腔怒火，乱葬岗上孤儿寡母的哭声斩断了儿的万缕归思。为了让千千万万的母亲和孩子能过上好日子，为了让白发苍苍的老人皆可享受天年，儿已以身许国，革命不成功立誓不回家。

这是王尔琢的最后一封家书，也是他给亲人留下的遗言。

王尔琢的妻子郑凤翠原名郑翠娥，1902年8月1日出生在湖南省石门县距王尔琢家5公里的一个富裕的农民家庭。父亲郑定仓与王尔琢父亲王大朋交情深厚，在王尔琢和郑凤翠两三岁时，两人的父亲就按当地的习俗给他们定下了"娃娃亲"。虽是父母之命，但青梅竹马、两小无猜的他们，倒也情趣相投，乐得常来常往，一起玩耍、习文识字和劳作。从12岁起王尔琢年年都要给岳父家拜年，两家时常来往走动。

出身封建门第的郑凤翠很小就裹了脚，由于父亲始终认为"女子无才便是德"，尽管家境殷实，却不让女儿跨入学校门槛。凤翠长到16岁时，石门县城创办了一所女子师范学校，她极想去读书，哥哥也很赞成。当时因凤翠的父亲已去世，由其母亲当家。老人受封建思想影响颇深，不愿女儿在外面抛头露面，所以一口回绝。王尔琢得知未婚妻求学受阻的消息后，专门赶去做岳母的工作，老人这才应允了女儿上学的要求。读了两年多简易师范，母亲不幸去世，郑凤翠只好中途辍学待嫁闺中。

1923年10月8日，王尔琢与郑凤翠成亲。他们的婚礼相当的俭朴，只请了几桌双方的亲友。出嫁时，郑凤翠按丈夫的意思，没有置办嫁妆，王尔琢也只给她缝了两套衣服。婚后凤翠极尽妻子的温柔、贤惠，对丈夫生活上照顾得无微不至；而王尔琢也把外面的见闻讲给妻子听，并对她灌输革命道理，指引未来中国的光明前途。令人遗憾的是，这段恩爱甜蜜的夫妻生活只维持了短短的三个月,王尔琢便离家别妻赴黄埔军校就读。郑凤翠依依不舍地将丈夫送至王官桥的大路口,目送王尔琢走了很远很远。谁知这次竟成了夫妻的永诀。

在黄埔军校中的王尔琢十分挂念妻子,夫妻间经常书来信往。一次,郑凤翠给王尔琢写信,信中告诉王尔琢一个惊喜:"我已有了八九个月的身孕,你就快做父亲了,能请假回来看看吗?要不,你给孩子取个名字吧!"尔琢离家时,妻子怀有身孕他是知道的,但是想不到这么快孩子就要降生了,他怀着十分喜悦的心情连夜给凤翠写了一封信:"接到来信,甚慰。奈训练紧张,不能抽身看你。生儿是你的靠,生女是你的伴,生儿取名摘祚,生女取名桂芳,日后有机会,定会接你和未见面的孩子来见见面。"1924年9月30日,正是金秋季节,郑凤翠生下女儿,取名王桂芳。

王尔琢以他的热血和年轻的生命实践了自己的誓言。1928年,王尔琢牺牲的消息传来,郑凤翠悲痛得死去活来。她真想追随丈夫的英灵而去,但一想到王尔琢健在的高堂以及未成人的骨肉,当即打消了轻生的念头。她擦干眼泪,暗暗下定决心挑起家庭生活的重担,为公爹公婆养老送终，把女儿桂芳抚养成人。1945年秋，郑凤翠还未尽享举国欢庆八年抗战胜利的喜悦，年仅20岁的桂芳不幸因病去世。女儿死后的第二天，为了给王家存一门后，刚强的郑凤翠过继夫侄子王葵祚为养子，像悉心侍弄庄稼一样抚养这个儿子，培养他念书，从小学到进县城读中学。1950年儿子中学毕业后，郑凤翠送他参加了中国人民志愿军，随部队跨过鸭绿江抗美援朝。不久，在朝鲜前线的一次空战中，年轻的王葵祚为履行国际主义义务献出了宝贵的生命。

# 峥嵘坎坷的转战

(1927—1928)

## ➡ 三河坝大战

★★★★★　　　　　　　　（24岁）

　　1927年7月15日，武汉国民政府汪精卫公开叛变革命，大批中共党员惨遭血洗，革命力量命悬一线。在这千钧一发之际，王尔琢主动请缨，以第四军二十五师七十四团参谋长的身份率领二十五师参加南昌起义。

　　敌人是穷凶极恶的。为了保证人力、物力供给的充足，王尔琢先带人在南昌郊外的德安车站缴了张发奎警卫营的全部枪支，并把这个营的部分士兵编入起义队伍，投入战斗。

　　1927年8月1日，周恩来、朱德、贺龙、叶挺、刘伯承等共产党人领导了著名的南昌起义。王尔琢所在的第二十五师七十四团驻扎在南（昌）浔（九江）线的马回岭车站。

七十四团与共产党人周士第领导的第七十三团,均系原北伐军铁军(第四军)叶挺独立团扩编而成,战斗力很强。但是,七十四团团长张弛不是共产党员,王尔琢根据以周恩来为首的前敌委员会的指示,把七十四团重机枪连拉出来参加了起义。第二方面军总指挥张发奎闻军中有变,亲率警卫营乘火车从马回岭赶到德安车站,企图阻止起义,追回部队,遭到起义官兵的迎头痛击。张发奎跳车逃跑,警卫营被缴枪。周士第、王尔琢等率七十三团全部及七十四团部分官兵,开进南昌城,与起义军主力胜利会合。起义军整编时,第二十五师划归叶挺领导的第十一军指挥,周士第任师长,李硕勋任师党代表。王尔琢被委任为新组建的第二十五师七十五团党代表。

▽ 南昌起义浮雕

起义军英勇奋战，可惜寡不敌众，南昌起义失利了。此后，起义军进入广东境内，王尔琢率领的七十四团调归朱德指挥，留守大埔县三河坝。

驻守期间，通过地势分析，朱德明白，敌军要入袭三河坝，首当其冲的就是龙虎坑一带地区，因此，在这个地方仅仅构筑防御工事是不够的，它还需要一个强有力的领导者来运筹帷幄。反复推敲之后，"王尔琢"这三个字在朱德的脑中挥之不去。

"唯今只有尔琢可担此大任啊。"朱德自言自语道。

朱德向王尔琢详陈形势，不仅点出了龙虎坑地区防御的重要性，还毫不隐晦地指出，这个地区将有一场硬仗！

听罢，王尔琢不假思索地立正领命。

朱德笑道，"尔琢啊，这个担子可不轻，想好了再立军令状吧！"

王尔琢神情肃穆，目光坚定地说道："龙虎坑在我在，龙虎坑亡我亡，我王尔琢誓死守住龙虎坑！"

领命之后，王尔琢仔细考察了龙虎坑一带的地势，很明显，这里需要构筑工事，逞"地利"之便狙击敌人。

他一边指挥七十五团的弟兄们堆壕沟、挖陷阱，利用一切天然屏障为自己的防御工事服务，一边加紧操练，提高士兵们的战斗力。终于，万事俱备，只待敌人自投罗网了。

10月1日下午，钱大钧带领十个团约两万人的兵力，气势汹汹地朝三河坝扑来。养兵千日用兵一时，王尔琢的辛苦没有

▷ 三河坝战役我军指挥部旧址

白费,他的防御工事,他的七十五团都在此刻发挥了最大的潜能,多次打退了敌人的强攻与强渡,军心大振。

如此厮杀三昼夜,眼看钱大钧即将黔驴技穷,王尔琢将要书写以少胜多的神话时,大雾却上演了一场助纣为虐的戏码。突如其来的大雾,让起义军分不清东西南北,更辨不明敌军的确切位置,于是,钱大钧趁乱绕过了王尔琢这座钢铁防线,挺进了三河坝。

三河坝的起义军未料到敌人"雾遁"的招数,再加上敌我力量的悬殊,起义军吃了败仗。朱德下令部队放弃滩头阵地,撤出三河坝。眼看着与成功失之交臂,王尔琢痛心疾首,但此刻还不是怨天尤人的时候,他仍然要指挥七十五团据守龙虎坑阻击敌人,以掩护大部队后撤。同敌人激斗到半夜,子弹将尽,王尔琢决定"以战养战"。他带着团部警卫排,利用夜幕到河滩敌人的尸首堆里摸回大批子弹、手榴弹,以及一挺重机枪,满载而归。次日拂晓,当敌人再次如潮水般向掩护部队驻守的龙虎坑阵地扑将过来时,王尔琢亲自架起昨夜摸来的那挺重机枪,射出雨点般的子弹,打得敌人落花流水,措手不及。

就这样,王尔琢在枪紧弹少的情况下,指挥部队坚持四昼夜,终于完成了掩护部队安全转移的任务。

掩护工作是战斗中比较难完成的部分,既然需要掩护了,就说明队伍受到了重创,需要撤退。王尔琢这次顺利地完成了掩护部队安全转移的任务,为保存革命实力,立下了不朽的功勋。

## 笑谈决心

（24岁）

从三河坝撤出之后，朱德原想带着部队沿闽粤边境南下，去汕头同大部队会合。但行至饶平县茂芝时，朱德得知，大部队在潮汕已被打散了。无奈之下，他将伤病员交当地党组织分散隐蔽后，迅即率余下的两千多人的起义队伍向西北方向转移。

他们先后经大埔、蕉岭、峰市到达福建的武平，然后越过闽赣边境，进入江西信丰。部队自饶平出发以来，沿途遭到反动军队、地主武装的围追堵截；同时，由于终日行军打仗，物资给养得不到补充，风餐露宿是习以为常的事；再加之气候骤冷，可官兵们还身着破烂的夏装；最重要的是，行军途中不断出现伤病员，可部队却一直处在缺医少药的境况中。如此种种，让部队的处境愈加困难。

本来这支部队就是由几方面力量汇集起来的，所以建制紊乱，再加上条件的艰苦，因此，部队的思想较为混乱，逃跑现象时有发生。为了保存住这支起义部队，王尔琢不仅协助朱德指挥作战，而且常向指战员进行政治思想教育，以稳定军心。

每次行军，他都和战士们走在一起，或搀扶伤病员，或帮助战士们背背包、扛枪，一边走一边给战士们讲述革命道理，有时为了活跃气氛，鼓舞士气，他还唱起了京戏或家乡小调。到了宿营地，他也不闲着，主动找一些干部、战士谈话，做思想教育工作，以增强他们克服困难的勇气与决心。

这段时间，王尔琢终日繁忙，一连几个月都顾不上理发、刮须，致使长发遮耳，密须绕腮，任谁也看不出这是一个年仅24岁的青年。

据说，王尔琢的这副形象，还造就了一段佳话呢。有一次，陈毅见王尔琢的满头长发、满面胡须时，打趣道："尔琢呀，瞧你这胡子拉碴的，倒有几分黑旋风的姿态了。"王尔琢回答得有板有眼："革命不成功，我一不理发，二不刮脸。""噢？"陈毅一听，伸手扯了扯他的长须说，"那准能成个美髯公。"周围的人听了都哈哈大笑。

这虽然是谈笑之言，却表现了王尔琢坚定的革命决心。在他的影响和鼓励下，部队的凝聚力大为增强。

## 逆境奋战

★★★★★　（24岁）

1927年10月底，国民党内部的"窝里反"——粤桂战争爆发，这对深陷逆境的起义部队来说，是个令人兴奋的"福音"。由于敌军忙于内部混战，起义部队得以在大庾、崇义一带休整。

由于衣不遮体，露宿野外，加上食无定所，不服山区水土，许多人拉肚子、打摆子。行至五岭山麓的大庾岭时，起义部队由原来的两千余人，锐减为八九百人。这八九百人，军官多系黄埔学生，士兵多是湖南人。他们称得上熬过千锤百炼。挺过荆棘坎坷的起义军精华了。王尔琢以黄埔同学和湖南同乡的特殊身份，帮助朱德整编队伍。为了妥善保存这支力量，他们打起国民革命军的旗号，将所剩的部队整编为一个纵队,统称第五纵队。由朱德任司令,陈毅任指导员,王尔琢任参谋长,蔡协民任政治部主任。

整编后的部队,分散在崇义的上堡一带山区开展游击战争。这个时期的游击战争是异常艰苦的。起义军不仅面对着剽悍残暴的敌人,而且还要与缺粮少弹的惨境对峙着。战士们经常勒紧裤腰带,手持步枪土弹冲锋陷阵。为了鼓舞士气,王尔琢身先士卒,每临战役,他必冲在最前面,可到了分发物资的时候,他往往又习惯退居二线。他的这种奉献精神,触动了部队里每一个热血男儿的心弦,在他的精神感召下,起义军用血肉之躯与不屈斗志,挡住了土匪、反动武装

▽大庾整编

的疯狂进攻，在逆境中书写了一个又一个军事神话。

俗话说：人是铁，饭是钢。精神鼓舞自然不可或缺，但是实实在在的物资供给也是少不了的。为此，王尔琢没少费脑筋。当时上堡一带的农民生活在水深火热中，他们不仅要遭受土匪的不时侵扰，还要忍受土豪的无情压榨，所以，农民的反抗情绪比较高昂。通过对这一情况的掌握，王尔琢思忖着，何不借用这现成的力量呢？将受压迫的农民发动起来，一来可以增加起义部队的有生力量，保证革命胜利；二来可以解救受苦受难的人民群众，宣传共产党"革命为民"的思想精髓；三来可以打击土匪、土豪的嚣张气焰，缴获他们的物资供给，以为己用。如此一箭三雕的好事，何乐而不为。

忖度再三，王尔琢将自己的想法汇报给了朱德司令，没想到，竟与朱德一拍即合。朱德果断下令，采纳王尔琢的建议，发动农民闹革命。这样，在农民的协助下，起义部队将曾经不可一世的土匪、土豪打得落花流水，缴获了大批财物，从而不仅满足了农民分田地的要求，也保证了部队的物资供给，起义军的实力大为壮大。

由于王尔琢在部队建设中所起的积极作用，所以大伙都亲昵地称他为"朱德的参谋长"。

## → 暗度陈仓

★★★★★　　　　　　（24岁）

广州起义爆发后，考虑到朱德部队的战斗力较强，中共广东省委要求朱德率部南下参加广州起义。得到命令后，朱德领兵星夜兼程地朝广州奔去，当部队抵达离韶关30里的犁铺头时，一个噩耗传来，广州起义已经失利，因此，部队只能就地驻扎下来。

广州起义之后，国民党在全国范围内疯狂捕杀革命力量，为了保存实力，为革命留下星星之火，同时得到给养补充，开展部队的公开活动，朱德、陈毅、王尔琢等人经过反复商议，决定走一招"暗度陈仓"之计。大家一直认为现在这支部队的给养、被服、装备已经十分困难，如果不能及时得到补充，不仅影响战斗力，而且将影响到生存。所以他们决定暂时与范石生搞统一战线，用范石生的旗号把自己掩护起来，以求生存和发展。关于谈判的条件，王尔琢强调指出，最重要的一条是受编不受调，坚持独立，来去自由。于是，由朱德写信给范石生，并派纵队政治部主任蔡协民去韶关谈判。

范石生是粤北的国民党第十六军军长，同时也是朱德在云南讲武堂的同学，他与蒋介石有矛盾，想收编朱德率领的这支部队。数日之后，经过一番你来我往的讨价还价后，范石生同意在"坚

△ 步兵操典

持独立,来去自由"的原则下,朱德部队使用国民党第十六军第四十七师一四零团的番号。扣上了国民党的"帽子"后,起义部队算是解决了生存问题。

这时候,朱德决定对纵队进行一次系统的整训,由王尔琢具体负责。王尔琢先将所有的连排长集中起来,组成教导队,集训了一段时间。然后他又将记录整理的朱德口授课程,油印成《步兵操典》和《阵中勤务》等教材,分发给这些连排长,让这些干部带着编印的教材回到部队开展训练,从而使部队在军事、政治、文化等方面有了很大提高。

同时王尔琢非常注意部队与群众的关系,教育部队要联系群众,急群众之所急。一天,一个点头哈腰的家伙自称是曲江县清水塘地方挨户团的头头,前来请求国民党大军去帮助攻打已经围困了三天三夜的农民协会和赤卫队的据点。王尔琢认为这是消灭国民党别动队——挨户团和土匪的好时机。经朱德同意,他带领部队直奔曲江县清水塘,刚一赶到,就下令向挨户团、土匪开火,把挨户团的头头打得晕头转向,大叫"怎么自己人打起自己人"。这一仗,挨户团死伤过半,很快土崩瓦解,同时,也解了农会和赤卫军的围。

起义部队的暗度陈仓之计,收到了韬光养晦的功效,可惜好景不长,蒋介石发现了驻守在犁铺头的队伍是南昌起义的"余孽",便严令范石生就地予以消灭。范石生念旧友之情,把密令告知朱德,并礼貌地送别朱德脱离十六军。朱德非常感激范石生的慷慨援助。朱德部恢复第五纵队番号。

 **智取宜章**

★★★★★　　　　　　　　　　（25岁）

面对着即将反扑过来的蒋介石军队，起义部队陷入了不知何去何从的窘境之中。此刻又是王尔琢挺身而出，他建议部队迅速撤向广东仁化方向，再趁机进入敌人力量薄弱的乳源县北部与湖南宜章县边境。

朱德采纳了这一善策，率部队疾进仁化，一举攻破该县县城。随后，中共宜章县委派胡少海前来与朱德联系，共谋攻打宜章县城。

"尔琢，宜章这一仗你认为该怎么打？"朱德问道。

稍作思考，王尔琢说道："考虑到敌我力量的差距，此仗只应智取，不可强夺。"

"智取？怎么个取法？"胡少海急忙问道。

"哈哈,少海莫急,这智取之法还要仰仗你的鼎力相助呢。"王尔琢笑道。

原来,这胡少海是个双重身份的人物。为了方便活动,胡少海一直以豪绅少爷的身份示人。所以宜章城里的反动人物,并不明晰他的"红底"。而王尔琢就是要利用这点,完成智取宜章的计划。

1928年1月11日上午,胡少海声称是国民革命军第十六军四十七师一四零团的副团长,奉命来宜章驻防,便在百十名军人的簇拥下,骑马进入宜章城。县长正为共产党游击队活动频繁,而自己城防空虚发愁,听说胡家少爷在国民革命军当了团长,还带部队来宜章驻防,于是,他组织了盛大的欢迎仪式。欢迎仪式上胡少海说:"为了共谋防共大事,保护乡亲,本团奉范(石生)军座之命移防宜章,晚生领前锋先行,王团长率全团主力即于明日赶到……"县长听到还有大部队前来,如天降甘露求之不得,表示一定隆重迎接"王团长",设宴"接风洗尘"。傍晚,朱德、陈毅、王尔琢率大部队来到宜章城郊的五里冲宿营。次日,在县长和众绅士的恭候下全部进城。

下午3点,县长在县参议局二楼大摆筵席,为"胡团长"和他的同僚洗尘。朱德、王尔琢和胡少海领着14名干练的卫士如期"赴宴"。席间,官绅们频频向"王团长"、"胡团长"敬酒,吹嘘"铲共"的功劳。酒过数巡,朱德起身举起酒杯,起义军官兵看到这个事先确定的暗号,立即举枪对准了县长和挨户团团总等,朱德厉声宣布:"你们被捕了!我们是共产党领导的队伍!你们这些贪官污吏、土豪劣绅,鱼肉百姓,屠杀工农,罪大恶极,统统押起来,听候公审!"宜章的反动头目先是面面相觑,之后如梦方醒,可惜为时已晚,就这样,这些反对势力稀里糊涂地当了俘虏。接着,王尔琢命令部队包围养正书院,解除了县团防武装,打开监狱,释放了全部被关押人员。第二天,召开群众大会,开仓济贫。宜章的智取充分展示了王尔琢过人的

▽ 宜章湘南起义军指挥部旧址

智慧和才能，没费一兵一卒，又没有让宜章的百姓深陷战乱，也许这就是战争取胜的最高境界了吧！一面绣有镰刀斧头的红旗在国民党县长公署楼升起，它宣告了夺取宜章城的胜利，点燃了宜章县年关暴动的烈火，打响了湘南起义第一枪。

 **捷报频传**

✦✦✦✦✦ （25岁）

宜章暴动成功后，起义部队取消第五纵队的番号，改编为工农革命军第一师，公开打出绣有镰刀斧头的革命红旗。朱德任师长，陈毅任党代表，王尔琢任参谋长。此举大大地刺激了蒋介石的神经，他立令许克祥攻讨宜章，消灭革命力量。

王尔琢听说许克祥来了，高兴地说："来得好呀！他在马日事变时杀了我们多少人啊，

▷ 宜章年关暴动指挥部旧址

我早就想找许克祥算账啦!"

王尔琢和朱德、陈毅商讨对策,决定避敌锐气,诱敌深入,相机歼敌。

许克祥把两个主力团部署在岩泉墟和坪石一带,摆了一条六十多里的长蛇阵,等了好几天,不见工农革命军的动静,以为革命军被吓跑了。在许克祥得意忘形的时候,一路工农革命军由熟悉地形的胡少海率领,抄小路,翻山越岭,到达敌人的背后,另一路由朱德率领,从圣公坛的百岁亭,对许克祥部队发起正面进攻。敌兵正在这里一堆那里一伙吃早饭,突然,军号声、呐喊声、枪炮声响成一片,工农革命军从四面八方杀了过来。敌人慌作一团，不知所措。王尔琢冲在队伍前面，高喊："同志们，上刺刀!"敌人一见寒光闪闪的刺刀，吓得狼狈逃命，逃到栗源，被乐水河挡住去路，刚刚搭好浮桥，革命军主力便追了上来。桥窄人多，敌兵纷纷落水，革命军的机枪、步枪、手榴弹大显神通，附近的农民也拿着锄头、木棍前来助阵。经过两个多小时的激战，全歼许克祥两个主力团，另两个团慌忙逃走。在砰石围歼战祝捷会上，王尔琢高兴地说："许克祥往日屠杀湖南人民，是何等的猖狂，今天，成了我们的手下败将，送来这么多枪支弹药。我们不要叫他许克祥了，应该叫他许送枪。"

紧接着，朱德率工农革命军向湘南重镇郴州挺进。何键忙派一个团南下阻拦，在军岭一带构筑工事，摆开战场。革命军在白石渡一带宿营，经过对敌情侦察，决定由朱德、陈毅率领主力部队从左侧绕过摺岭，抄袭敌后；王尔琢带一个正规连和后方营，从正面进攻，吸引敌人的火力。第二天，王尔琢开始佯攻，红旗在敌人阵地前招展，军号声、机枪声、冲杀声此起彼伏。敌团长求功心切，命令全团出击。突然，敌后响起了枪炮声和喊杀声，朱德、陈毅从敌人背后杀了过来。在铜坑湖一带,将何键派来的部队全部消灭,革命军浩浩荡荡地开进了郴州城。

2月16日攻打耒阳县城时,王尔琢先率部队埋伏于北门附近,另外布置一些战士装作进城做买卖的人,在紧闭的城门前大声叫骂,闹成一片。守城门团丁根本无法制止,加之小头目想买猪肉吃,示意"今天卖肉的可以放进城来"。城门刚打开一条缝,城外"买卖人"就一声吆喝,潮水般地涌了进去。只听三声枪响,王尔琢部缴了城门岗哨的枪,然后向"挨户团"团部冲去。王尔琢率部进城后,经过短时间的激战,驻城的"挨户团"全数消灭,关在牢里的同志被救出。原来在灶市街和桌子坝一带防守的团丁,也被朱德和陈毅率领的革命军缴械。

更富有传奇色彩的是朱德决定第二次攻打耒阳县城时,王尔琢奉命消灭小水铺团防局的一次战斗。

小水铺团防局长谭芝生有个儿子叫谭斗才,在白崇禧部当连长。当儿子来信说白崇禧要带两个师从衡阳南下,铲除湘南暴动的工农革命军时,谭芝生急忙派亲信安跛子去衡阳联系,表示愿意为国军效劳,并写了一封密信送交儿子转呈白崇禧。

朱德根据耒阳党组织提供的这一情报,决定将计就计,派一支精悍部队伪装国民党军,进入小水铺去消灭这伙地主武装。王尔琢主动请缨,要求率部去完成这一任务。

经过周密的安排,王尔琢乔装打扮,自称白崇禧的团长,带领一小队"国军",后面跟着一辆装有木箱的马车,气派十足地沿着大道向小水铺进发。这时,谭芝生派往衡阳给儿子送密信的两个团丁在路上正碰上这队威风凛凛的"国军",便主动走到王尔琢面前,问长官从哪里来。当听说从衡阳来,又问认不认识谭斗才连长。王尔琢告诉两个团丁:谭连长就在我们团,现在已外出执行任务,要交白长官的信他可以代交,他这次正是受白长官的派遣,前去小水铺犒赏谭团总的。他还郑重其事地要一个团丁回去报信,一个留下给他带路。

　　谭芝生听说白长官派王团长前来犒赏,真是受宠若惊,喜出望外,但同时又存有戒心,暗地里作了布置,以防不测。这点,王尔琢有所察觉,但仍装作若无其事的样子。他吩咐:"把白总指挥的赏赐抬来。"六名士兵抬来三个木箱,打开一看,一箱是乌黑发亮的崭新步枪,两箱是黄澄澄的子弹。当谭芝生提到上次派安跛子到贵团联系那件货时,王尔琢又叫士兵抬进另一口木箱,打开一看,里面正是谭芝生要的机枪。这一来,把谭芝生惊喜得眉飞色舞,连忙吩咐摆宴为团长洗尘。

　　王尔琢来到团防局时,一面与谭芝生海阔天空地交谈,一面四下观察动静,才知道谭芝生的兵不在团防局，而是由安跛子带领，驻扎在三公庙。只有到三公庙去，才能端掉谭芝生的老窝。当王尔琢听到谭芝生吩咐摆宴时，他说："团总，何不到三公庙去摆宴，也好犒赏一下那些有功士兵？"

谭芝生因上次派安跛子去过衡阳，也想让安跛子辨认一下这位"团长"的真假，听王尔琢提议去三公庙摆宴，正中下怀，马上赞同。到三公庙时，安跛子以为来的是上次没有见过的团副，又听说送来了这么多枪支弹药，还有他上次联系的一挺机枪，高兴得不亦乐乎，又是给王尔琢递烟，又是敬茶，毫不见疑，谭芝生也疑虑全消。

▽ 毛泽东与秋收起义部分同志合影

在王尔琢提出"今天我们要来个官兵同乐"的倡议下，三公庙内猜拳行令，碰杯干酒，喊叫一片，热闹非常。就在此时，王尔琢脸一沉，把酒杯往桌子上一摔，发出动手的信号。顿时，在场的革命军战士一齐动手，缴了所有团丁的枪。安跛子发现上当，去拔套里的手枪，一个革命军战士飞起一脚，手枪掉到地上。王尔琢手起枪响，谭芝生与安跛子应声倒地。战斗胜利结束。

又是一次智勇双全的出击，又是一场漂亮的胜仗！

不久，湘粤国民党部队九个师对湘南工农革命军进行夹击，加上中共湘南特委执行"左"倾盲动政策，脱离了群众，1928年3月，朱德、陈毅率部退出湘南，分两路向井冈山转移。

革命军在转移途中，必经敖山庙。因此，敖山庙区党委为了协助革命军转移，在庙里设了招待所。这时国民党十九军的李宜萱奉命率军向敖山庙扑来，以阻击向井冈山转移的工农革命军。王尔琢奉朱德之命，带领一支精干的部队，抄小路日夜兼程，比敌军提前一天到达敖山庙地区。他和区委负责人登上最高峰俯瞰敖山庙地形，发现这个敖山庙像个鼓肚儿的瓶子，一座小桥犹如瓶颈。根据地形特点，一个"鼓肚儿瓶子计"赫然闯入了王尔琢的脑中。王尔琢将歼敌计划向区委负责人和盘托出，大伙都被他的妙计折服，一致表示同意。

当天晚上，王尔琢要战士把所有的干粮倒进庙里的箩筐，然后命军队速速离庙上山埋伏起来。由于山高庙低，这样居高临下的优势位置，方便王尔琢他们注视敖山庙周围的动静。

第二天早上，王尔琢终于看到李宜萱的那个敌军团了。由于星月兼程，国民党军队早就饿得饥肠辘辘、眼冒金星了。当他们赶到敖山庙，发现庙里存放着许多大米，另外还有两大片猪肉，这些"饿狼"心花怒放，哪儿还顾什么埋伏、有诈，一股脑儿地涌进如同鼓肚儿瓶子的庙里，兴高采烈地搭火做起饭来。

饭菜的香味，把驻守在敖山庙四周的敌军撩拨得够呛，李宜萱错误地认为，革命军一定还没有赶到敖山庙，所以就放心大胆地命他的军队通通进入敖山庙，先饱餐一顿再说。

眼看所有敌军都涌进了早已设定好的"鼓肚儿瓶子"里，王尔琢知道时机成熟了。在他的命令下，埋伏在小桥附近的工农革命军的机枪班，迅速奔向桥头，抢占了有利地形，扼住了"瓶颈"。随着王尔琢一声令下，顷刻间，号声嘹亮，杀声震天。当李宜萱和他的军队正毫不知情地享受"大餐"时，革命军直攻钻进了"鼓肚儿瓶"的敌人。这"瓮中捉鳖"打得漂亮，革命军全歼敌人一个团。

敖山庙的胜利极大地鼓舞了革命军的斗志。

革命军陆续攻占了很多地方,使革命浪潮迅速席卷湘南大地。队伍中把王尔琢和朱德、陈毅、毛泽覃一起并称为"四大金刚"。他们成立了湘南工农革命民主政府,将各个县参加暴动的农军编为工农革命军第三、四、七师,制定了《土地分配法》,立即开展了插标分田的土地革命。3月下旬,由于湘粤敌人九个师的两面夹击,朱德、王尔琢率部退出湘南,分兵两路向湘赣边界罗霄山脉中段的井冈山转移。一路上,面对国民党军队的围追堵截,革命军表现出了从容不迫的态势,一边歼敌,一边抢占胜利品以保证军备供给。就这样,革命军带着胜利的信心与决心全速奔赴井冈山。

南昌起义的火种,经过曲折的道路,汇进了中国革命的摇篮。

# 卓越的红军将领

（1928）

## → 胜利会师

★★★★★　　　　　　　　　（25 岁）

正当革命运动在湘南如火如荼地展开之际，蒋介石意识到形势的严重性，于是派重兵对朱德、王尔琢的军队进行疯狂反扑。

1928 年 3 月，受蒋介石调遣，湘粤两省七个师的兵力，对湘南的工农革命军施行了南北夹击的战术，将革命队伍围了个水泄不通，敌强我弱的形势明显地摆在朱德等人面前。但是英勇的湘南工农革命军，不畏强敌，与彪悍的敌军进行了多次战斗，饶有战绩。可惜，当时湖南特委执行了错误的"左"倾盲动政策，致使革命军严重脱离群众。因此，工农革命军已无法在湘南立足了。

这时，革命军接到党中央的指示，命其与毛泽东领导的工农革命军联络，以便将军队移往江西农民运动发达的区域，保存革命有生力量。朱德、王尔琢先派毛泽覃前往湘赣边界联系，然后又分两路率领湘南各县的工农革命军，浩浩荡荡地向井冈山转移。

同一时间，毛泽东率工农革命军第一师进驻酃县中村，得知朱德、陈毅、王尔琢率领的部队正向井冈山方向撤退。当即决定兵分两路去迎接朱德、陈毅部上山，一路由他和何挺颖、张子清率领工农革命军第一师第一团，从江西宁冈的砻市出发，楔入湘南的桂东、汝城之间；另一路由何长工、袁文才、王佐率领第二团从井冈山大井出发，向资兴、郴州方向前进。毛泽东还派毛泽覃带着一个特务连同朱德、陈毅领导的部队取得联系。

3月29日，朱德率领部队完成了转移的准备。在毛泽覃带领的特务连接应下，朱德、王尔琢率领的工农革命军第一师（南昌起义余部改编）主力经安仁、茶陵到达酃县的沔渡。陈毅率领湘南特委机关、各县县委机关和部分工农革命军第一师的主力于4月8日到达资兴县城，同从井冈山下来的由何长工、袁文才、王佐率领的工农革命军第二团会合。毛泽东等率第一团在桂东、汝城牵制敌军，掩护湘南起义军转移，于4月中旬到达资兴县的龙溪洞，同萧克领导的宜章独立营会合。这是第一支同毛泽东亲自率领的部队会合的湘南起义军。同时，陈毅带着工农革命军第一师部分主力及郴州工农革命军第七师以及何长工、袁文才、王佐带领的工农革命军第二团一起到达酃县的沔渡，和

△ 井冈山的同志们

朱德率领的主力部队会合。接着，朱德、陈毅带领直属部队从沔渡经睦村到达井冈山下的宁冈砻市。4月下旬，毛泽东率领部队返回砻市，立刻到龙江书院去见朱德。毛泽东同朱德的这次历史性的会见，是我党我军历史上光辉的一页。从此，毛泽东和朱德的名字便紧紧地联系在一起。

1928年4月28日，红旗在井冈山的晴空上意气风发地飘扬着。朱德的南昌起义余部和毛泽东的秋收起义余部在宁冈县的龙江书院门前进行了胜利的大会师。5月4日，双方把部队合并改编为工农革命军第四军，6月改称为工农红军第四军，朱德任军长，毛泽东任党代表，陈毅为政治部主任，王尔琢为军参谋长兼二十八团团长，也是红四军军委委员和边界特委会委员。

朱德率领的南昌起义军余部和毛泽东率领的秋收起义部队在井冈山胜利会师，使由中国共产党领导的两支具有北伐战争传统和战斗力很强的部队聚集到一起，不仅大大增强了井冈山革命根据地的军事力量，而且对红军的创建和发展以及井冈山地区的武装割据都有重大意义。两支队伍编成中国工农红军第四军后，势力增大，声威大震。后来，在江西、闽西发展革命运动，形成了一支强大的革命武装力量。历史证明，没有井冈山会师，就没有人民革命武装的汇聚、融合、发展和壮大，没有从星星之火到燎原之势的大趋势；而没有湘南起义和毛泽东在井冈山开辟的基础，也不会有朱、毛井冈山的胜利会师，从此开始工农武装割据的崭新局面。

## 占领永新

（25岁）

井冈山的胜利会师，使革命的星星之火，有望发展成燎原之势。这是蒋介石无法容忍的，集中一切力量，将工农革命军扼杀在摇篮里，成为蒋介石此刻迫切需要解决的问题。

1928年5月底，蒋介石急令湘赣两省的国民党军队联合会剿井冈山部队，委任七十四师师长杨如轩为前敌总指挥。杨如轩决定兵分两路，围攻井冈山。

这是工农红军会师后的第一仗，所以其重要性不言而喻。为了打赢这场硬仗，朱德、毛泽东等人进行了周密的商议与部署。根据敌强我弱的现实情况，红军决定走"诱敌深入，各个击破"的战术路线，充分利用井冈山革命根据地的地形优势，跟敌人玩起了游击战。

战略战术部署完毕后,朱德命令王尔琢率红军二十八团,日夜兼程,佯装败逃,将敌军的一支力量引到黄坳。不负所托,王尔琢成功地将敌军诱到中间低洼、四周高耸的黄坳中来。得知敌军已经进入包围圈,毛泽东、朱德立即派二十九团奔袭黄坳,与二十八团围歼了这股敌军。再接再厉,第二天红军又成功占领了永新县城,将红旗插到了城墙之上。永新解放后,在王尔琢的帮助下,成立了永新县工农民主政府。

永新县因地理位置重要,扼井冈山之要塞,所以是国共两党的必争之地。现在共产党占领了

▷ 红军根据地地图

永新，意味着在战略上，红军是有优势的。这可急坏了杨如轩，在他看来，无论如何都要把永新拿下，否则这仗是必输无疑。因此，他纠集了四个团的兵力，从吉安出发，气势汹汹地要夺下永新。

在敌人势力明显优于自己的情况下，红军是要不讲策略地跟敌军硬拼，还是开动一下脑筋，争取以最小的牺牲，换得最大的利益？答案很明显，永新县不能失，但是刚成立的第四军也不能不计后果地以命相搏。王尔琢明白，这次是要退了。

当他把想法对朱德、毛泽东汇报后，朱德沉着地问道："尔琢啊，你打算如何个退法？"

王尔琢镇定地答道："军长，这次的退是为了下次成功的进！"接着，他将自己的打算一一道来。

听完王尔琢的计划后，朱德点头称是。在跟毛泽东又做了具体商议后，朱德下令红军主动撤出永新，退到宁冈。

杨如轩一看没费一兵一卒就拿下了战略据点永新，大喜过望。于是，心中骄傲自满的情绪飙升。"看来，这红军也没什么可怕的吗，见到我的大军压境，还不是吓得抱头鼠窜啊。"杨如轩得意地向手下人夸耀着。

鉴于永新城的重要性，杨如轩决定"落地生根"，赖在永新城死不出来，他就不信红军能拿他怎么样！杨如轩的这种无赖行径，其实都在朱德他们的计划之内。他们早就料到，依杨如轩的为人，蹲守永新是一定的。针对杨如轩的"死蹲"，朱德、毛泽东决定采取引蛇出洞，声东击西的策略，以调动敌人。

王尔琢奉命率领二十八团和三十一团一营，离开宁冈，长途奔袭湖南茶陵。在高陇地区歼敌一个营，打垮敌人两个团。红军胜利的消息，马上传到了杨如轩耳中。杨如轩估摸着，红军既然能打败我们的一个营、两个团，想必是倾尽全力而为的。换句话说，红军现在的主力已集中在湖南，那么其井冈山根据地岂不是处于空虚之中？

"哈哈，老天都在帮我，现在不出兵端掉红军的老窝，更待何时？"杨如轩心中得意地盘算着。

他下令国民党两个团从龙源口方向出发，合力围攻宁冈。同时派一个团到永新、莲花边界的澧田一带布防。得到消息后，王尔琢火速挥师返回永新。途中，遭遇了在澧田防守的地主武装靖卫团。这些人受杨如轩之命，守住通往永新的要道。王尔琢毫不手软，带领他的二十八团，三下五除二，将这批地主武装拿下。

消灭了地主武装后，王尔琢又开始了与时间的赛跑。终于在大天初亮之际，二十八团赶到了距永新城十五里的草市坳。利用有利地形，王

尔琢布下了歼敌罗网，现在只待敌军落网了。10点多钟，敌人的一个团进入了红军的伏击圈。王尔琢请朱德发布攻击令，朱德笑着说："尔琢啊，你是红四军参谋长，又是二十八团的团长，这命令该你下嘛。"王尔琢明白这是军长对他的信任。他一丝不苟地向朱德行了个军礼，说道："请军长放心，二十八团一定不辱使命。"

在王尔琢的一声命令下，红军战士向进入伏击圈的敌军团展开了猛烈的进攻。敌军突然遭袭，慌作一团，不知如何是好。关键时刻，还算见过世面的敌军团长最先冷静了下来。他一边

▽ 激烈的战斗

高喊着:"给我抢下制高点!"一边调兵遣将,利用自己武器装备的精良,集中强猛火力向红军反射着。最后,敌军团靠着自己的火力优势,暂时控制了制高点。他们用机枪向埋伏在黑木东山的红军扫射着。

不能让敌人在制高点上嚣张,否则我军的损失是不可估量的。王尔琢盘算着,看来,现在必须把那制高点拿下。他在二十八团中挑选了二十几个动作灵活、枪法精准的战士,编成几个战斗小组,同时命令红军机枪火力全力掩护。一切准备就绪后,王尔琢身先士卒,亲自带领这些战斗小组朝制高点奔去。

制高点上的敌军,没有料到红军会派这么个小分队来跟自己抢占制高点。所以,大意失荆州,敌军被打了个措手不及,落花流水。这样,红军不仅夺回了制高点,阻止了敌军居高临下的疯狂扫射,而且还缴获了敌人先进的机枪,战士们端着敌人的武器,调转枪口,朝着他们反射过去。

敌团长见大势已去,立即丢盔卸甲,跨上白马逃命去了。这种只顾自己的将领,让王尔琢鄙视,在他的命令下,红军举枪齐射,只听一声惨叫,敌团长应声落马。眼见着团长败逃了,敌军自是无心恋战,纷纷缴械投降。

障碍已除,王尔琢决定乘胜追击,直攻永新城。此时,杨如轩正躺在永新城二十七师师部,优哉游哉地一边听着留声机,一边等着他的士兵向他汇报胜利的消息。没想到未等到捷报,反而听到枪炮在耳边嗡嗡作响。这时,一个士兵慌慌张张地跑来，向他汇报，红军主力已攻入永新城。

"这不可能！"杨如轩大叫着，"他们明明还在湘南呢，怎么会这么快就到永新了，难不成他们还会飞？"

不管杨如轩愿不愿意相信，事实就摆在眼前：永新城已经成为一片红色的海洋。

见大事不妙，孤城难守，杨如轩决定三十六计走为上计，一番乔装打扮后，溜出了永新城。

就这样，永新城再次被红军拿下了！

## "飞兵团长"

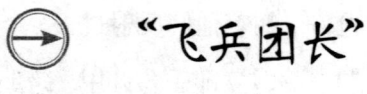

（25岁）

王尔琢率他的二十八团在杨如轩面前上演了一幕"神兵天降"的戏码后，不仅帮助红军重新占领了军事重镇——永新城，而且极大地打击了国民党军队的嚣张气焰，杨如轩在潜逃途中,也被红军的流弹击伤,这样王尔琢和他的二十八团便以赫赫战功在红四军的光辉篇章上描了浓重的一笔。同时,由于在攻打永新的过程中,二十八团行动的速度十分惊人,于是"飞兵团"的名号便顺理成章地戴在了二十八团的头上,作为二十八团团长的王尔琢也被冠上了"飞兵团长"的美誉。

作为"飞兵团长",王尔琢是实至名归的。

▷ 王尔琢雕像

因为他是一个擅长治军作战与政治工作的优秀红军将领。

王尔琢善于治军。他带兵的一贯作风是严肃与慈爱相结合。部队中的每项事情,大至军事部署、战斗计划,小至生活安排及战士之间的口角是非,他都事事关心,件件过问,从不马虎。有一次,在打扫战场、清点缴获的武器军火时,两个小战士为争夺一架新型的重机枪产生了摩擦。两个人都声称这架机枪是自己的战利品,优先使用权应该归自己所有。不论大家怎么调和,这两个小战士就是不退让。正当他们相持不下,争得面红耳赤之际,王尔琢出现了。他认真地了解了这场争端的来龙去脉后,沉默了片刻。大伙以为王团长肯定要板起脸孔对这两个小战士进行说教,然后再予以军纪处罚。没想到,王尔琢竟然露出了令人难以捉摸的微笑来,他问两个战士,为什么要抢这架机枪?这两个小战士异口同声地说道:"因为它的火力猛,可以冲在最前面,可以多杀敌。"听完这话,王尔琢的笑意更浓了,"很好嘛,我们红军就应该有这种热情与冲劲。但是,多杀敌不是单靠先进武器,也不是靠个人单枪匹马、英雄主义就能实现的。它需要我们每一个战士的精诚团结,团结就是力量。只要我们团结起来,还怕杀不尽国民党反动派吗?同志们,要记住团结才是这个世界上最有力的武器。"王尔琢的一席话,字字珠玑,句句在理,听得所有人频频点头。而这两个小战士都惭愧地低下了头,并向王尔琢保证道:"团长,是我们错了,以后我们一定会紧密地团结起来的。"就这样,王尔琢不仅化解了一场战士内部的矛盾，而且很好地在军队内部宣传了团结的精髓，二十八团战士们的凝聚力大为提升。

王尔琢治军的才华是无可厚非的，但他从不恃才傲物，他总是保持一种谦逊谨慎的姿态，认真听取别人的意见，对于好的主张，他能够从善如流，虚心采纳；同时，对于别人的缺点和错误，他也能直截了当地指出，并对其进行善意诚恳的帮助。

王尔琢同时又是善于做政治工作的干部。他战时严肃认真，指挥果断，而平时却平易近人，和蔼可亲，跟谁都能攀谈得上，在他的房间里战士们经常进进出出。在战士中间，常常能听到王尔琢爽朗的笑声。战士们有思想问题，他耐心开导；战士有困难，他千方百计帮助解决。他还非常重视兄弟部队之间的相互学习。刚上井冈山的时候，二十八团战士看到三十一团严格遵守群众纪律，便把三十一团讥讽为"秀才兵"。王尔琢知道后，及时地批评了这种错误看法，他强调搞好兄弟团的关系，遵守群众纪律的重要性，提出"向三十一团学习"的口号，使二十八团不仅有过硬的作战本领，并进一步提高了政治素质。

1928年8月，由于当时中共湖南省委领导错误，加上省委代表杜修经坚持执行省委的错误指示，将二十八团、二十九团编成红军大队调往湘南。郴州战斗失败后，二十九团基本上跑散了。为稳住二十八团，在撤退途中，王尔琢做了大量的宣传组织工作。他时而跑到队伍前面，鼓励战士们要不畏艰险，勇往直前；时而又转到队伍后面和战士们谈笑风生，使战士们精神焕发，信心倍增。

正是在王尔琢这位"飞兵团长"的英明带领下，二十八团才能克服许多困难，不断地书写"飞兵团"传奇。

## 大战五斗江

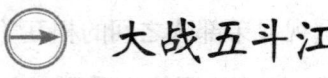

（25岁）

五斗江在遂川县北，是个穷山沟里的小镇子。街上开着十多家店铺，附近还有零零星星的梅花村。镇子的四周是绿树葱葱的山冈。这里没有公路，只有一条山区便道，人马只能单线尾随而行。永新、泰和方向的敌军，要想从南边打进井冈山的话，这里是唯一的通道。

1928年5月初，江西敌军第二十七师师长杨如轩率一个团以永新为据点，再派两个团的兵力分两路进剿井冈山。其中第八十一团绕道拿山、五斗江、黄坳等地迂回，准备向大小五井逼近，与从七溪岭入侵宁冈的第七十团实行南北夹攻，妄图一举扑灭井冈山的革命星火。

根据军委决定，红军采取避实就虚和歼敌一路的方针迎战。朱德、陈毅、王尔琢率第二十八团、第二十九团进军五斗江，主攻敌军第八十一团。他们分别从砻市、茅坪出发，翻过黄洋界，经五井、茨坪，来到下庄、行洲。第二天一早，以第二十九团为先导，向黄坳进发。在这里，正好与敌第八十一团的一个营相遇。战争一触即发，双方各自抢占山头，战斗进行得十分激烈，从燕屋村一直打到黄坳。我军直追坪头村，经过两个小时的激烈战斗，打垮敌军一个营，缴枪六十多支。

黄坳一战的主力军即第二十九团是由刚参加湘南起义的宜章农民自卫军改编过来的，其武器装备比较差，在一千六百多人当中只有二百多支枪，其余全是梭镖大刀，正是依靠全体指战员不怕牺牲和顽强奋斗的精神而取得胜利。

打了败仗的敌营长领着几个士兵如丧家之犬，匆匆忙忙地跑回拿山，向团长周体仁报告了失败的经过。这令周体仁大惊

△ 陈毅

失色，他做梦都没想到红军会先拿自己开刀。正在他惊慌失措的时候，营长又给他提供了一个重要情报，在黄坳相遇的红军武器装备较差，大部分是梭镖军，而其失败的主要原因是因为孤立无援、势单力薄。这一情报，让周体仁打消退却的念头，想凭借其武器精良，弹药充足的优势来挽回败局。于是他紧急召集军队，带领匪兵连夜从拿山出发，经小通、坳头悄悄地向五斗江摸来，企图来个突然袭击，一举歼灭我红军二十九团，聪明反被聪明误，其万万没料到我红军主力——一支兵强马壮的队伍正在严阵以待等着他呢！

原来，红军在黄坳打垮敌军一个营以后，

朱德、陈毅、王尔琢几位军部领导做了研究,估计敌人绝不会善罢甘休,很可能会来个反扑,于是变换队形,让军部和第二十九团留在黄坳,由军参谋长兼第二十八团团长王尔琢率领部队打前卫,直奔五斗江。这个团的指战员具有丰富的作战经验,多数参加过北伐战争和南昌起义,而战士们士气高昂。同时,全团有13个步兵连、一个迫击炮连和一个机枪连,战斗力比较强。

第二十八团在五斗江宿营待命。第二天刚吃完饭,侦察兵报告,敌人的先头部队已在五斗江北面蠕动。王尔琢听到这个消息,脸上露出了微笑,心想,果然不出所料。他同往常一样,紧急集合部队,并精神振奋地站在部队前列,向全团指战员进行战斗动员。他说:"今天这一仗,是咱们红四军成立后的第一仗,打好打坏对全军关系很大。我们一定要努力作战,歼灭敌人,以实际行动来庆祝红四军的成立。"接着,他分配作战任务,命令一营渡江占领对面山上的制高点,狙击敌人的进攻;命令二营三营在其带领下正面向敌人出击;命令迫击炮连和机关枪来掩护部队前进。

战斗打响了,一营刚上岸就发现对面山上的

制高点已被敌人的一个连占领。他们果断地决定采取偷袭的战术,夺取制高点,但在通过一片水田时被敌人发现了,子弹像雨点般地朝他们打来。此时恰逢雷雨交加,目标不清,敌人只好胡乱射击。战士们趁机跨过水田,钻进丛林,迅速向敌人占领的山头靠近。一到山头,全营的子弹、手榴弹像暴雨般落在敌人的阵地上,打得敌人血肉横飞,没死的敌人也吓得魂不附体。

纤镇这一边,红二、三营与敌军主力展开了激烈的交锋。红军的步枪、机关枪向敌人猛扫,迫击炮也在敌群中开花。敌团长周体仁大吃一惊,这才知道自己已经上当了。

"这哪里是梭镖队呢?真他妈的见鬼啦。"周体仁把情报不准的营长骂了个狗血淋头。周体仁进退两难,只好硬着头皮战斗。战斗打得十分激烈,一时难解难分,枪炮声、喊杀声、风雨声交织在一起,伴着闪电雷鸣,震得地动山摇。在红军的强攻下,敌人犹如一群无头的苍蝇,东窜西逃,丢盔卸甲,尸横遍野,活着的拼命地向拿山方向逃窜。红军似下山的猛虎扑向溃散的敌人,一直追到五斗江北面十多里路的仓下村,趁敌人抢渡五斗江之际,再发动一次猛攻。敌人大败,残部连夜逃往永新县城。

五斗江大战,打垮了敌军一个团,击毙敌军二百多人,缴枪三百余支,还捉到一批俘虏。当晚,在五斗江的万寿宫开了祝捷大会。第二十八团一营二连党代表龙著林十分敬佩王尔琢的正确指挥,特编一首名为《王尔琢大战五斗江》的章回唱本,一有空,就给战士们演唱。

6月的一个下午,在井冈山革命根据地的一块树木环荫的草坪上,正在演唱《王尔琢大战五斗江》,当群众和战士们听到"……多亏了王尔琢机智勇敢,率领红军二十八团,打败了敌八十一团,缴枪三百多支,这是我两军会合后,第一个大胜仗……"热烈的掌声和笑声混成一片。接着,又演出了几个短剧,群众的情绪极为高涨,散场时已近黄昏。这时场上来了一位青年,脸上带着几分谦虚而惶恐的表情,找到《王尔琢大战五斗江》的剧作者和导演。战士们看到了都交头接耳地说:"这不是王尔琢来了吗?"王尔琢向剧作者(某连的党代表)说:"你们演唱庆祝五斗江胜利,这是党的领导和同志们的功劳,可别突出我个人啊!"这就是我们的飞兵团长,低调而谦逊,时刻把党的领导记在心间,把战争的胜利归结为团结的力量。

五斗江战斗的结局是理想的,它对打破敌军对井冈山的第一次"会剿"起了决定性的作用。原来敌师长杨如轩想通过这次"会剿"来消灭红军,结果反被红军打得落花流水,只好收兵,狼狈地跑回了吉安。

## 龙源口大捷

★★★★★　　　　　　　　（25岁）

经过几次成功的反"围剿"后，井冈山革命根据地得以稳固，共产党的救民思想也得以在这块红色土地上广泛传播。因此，在当时的中国，说起最"红"的地方，无疑是江西的井冈山。蒋介石本来就对井冈山的红色政权岿然不倒而耿耿于怀，加上国民党几次大规模的联合会剿，都被红军有惊无险地解决，这让蒋介石火冒三丈。于是，他决定变本加厉，纠集了湘赣两省的国民党军队十几个团，对井冈山展开了新一轮的会剿。

为了保证此次会剿的成功，蒋介石特意将湘赣两省的军事头脑——吴尚、杨池生和杨如轩喊来训话。蒋介石反复强调此战的重要性，要求他们只许胜不许败，否则提头来见。

吴尚三人很明白,他们的蒋委员长的耐心已到极限了。看来,井冈山地区的红色政权已然成为蒋介石最大的梦魇,搅得他寝食难安。为了让蒋介石宽心,吴尚、杨池生信誓旦旦地保证着此战必捷!唯有杨如轩一脸菜色,缄默不语。蒋介石知道杨如轩的症结在哪里,语带讽刺地说道:"杨师长,这次再遇上飞兵团,希望你不要重复悲剧,给我们党国丢人现眼。"听到这话,杨如轩身抖如筛糠,颤巍巍地答道:"是,是。"

经过一番讨论,蒋介石派吴尚率领五个团进

▽ 龙源口大捷旧址

驻湖南茶陵，准备从侧面进攻井冈山；派杨池生带五个团，杨如轩带两个团，直逼永新，正面插入井冈山。面对国民党这次大规模的有备而来，红军自然不会懈怠。毛泽东在宁冈新城召开了红四军连以上的干部大会，讨论粉碎敌人"围剿"的战法。最后会议决定，按照轻重缓急的区别，红军应先消灭杨池生和杨如轩驻扎在龙源口的三个主力团。毕竟他们的军队直逼井冈山，威胁已经摆在家门口了，疏忽不得，必须马上消灭。

当时临近端午节，毛泽东为红军的这次反"围剿"战争想了一个有趣的说法：宰掉两只"羊"，喜迎端午节。

详细分析了敌军的进攻路线，红四军最后决定，由朱德、陈毅率领二十九团和三十一团一营，在新七溪岭的望月寺抗击杨池生的部队；而把安置在老七溪岭的杨如轩的部队，交给了他的老对头——"飞兵团长"王尔琢来对付。王尔琢领命后，信心满溢地说道："这次让他再尝尝我们飞兵团的厉害。"

其实，龙源口的战役主要就集中在这新、老七溪岭上。既然是岭上作战，那么抢占制高点便成为战争能否取胜的关键所在。当王尔琢率

106

二十八团赶到老七溪岭时,发现老七溪岭的制高点——百步墩已经被杨如轩抢先一步拿下。

1928年6月23日,龙源口战斗打响之后,朱德、陈毅指挥革命军在新七溪岭打退了杨池生的多次进攻,取得了不朽的战绩。可王尔琢由于没有制高点的地形优势,他的飞兵团遭到了敌军居高临下的枪弹扫射,而且他组织的三次冲锋,都被杨如轩击退了。看着在自己脚下苦苦挣扎的飞兵团,杨如轩突然有种一雪前耻、扬眉吐气的感觉。他一改过去谈"飞兵团"色变的窘迫,再次张牙舞爪地向王尔琢他们挑衅道:"怎么样,还是老子的枪子厉害吧,什么飞兵团长,我看你现在是过江的泥菩萨了吧!哈哈。"

杨如轩虽然言辞嚣张,但是他说的也不无道理。王尔琢知道,假如他还拿不下制高点百步墩的话,不仅是他,就连他的二十八团都危在旦夕。面对这种严峻的形势,二十八团中的个别干部要求后撤,先避开杨如轩的尖锐锋芒。王尔琢的难题来了,现在是接着攻还是领军后撤呢?他反复衡量了当前的局势,最后决定:不能撤!因为一旦撤了,不仅老七溪岭保不住,而且还会直接威胁到新七溪岭。一旦杨如轩的部队与杨池生的部队在新七溪岭会合，那么朱德、陈毅在新七溪岭所取得的成功都将化为乌有。对，绝不能让战士们的血白流！坚定了这个信念后，王尔琢说服了部队中那些主张撤退的干部们，并且向他们保证："假如我王尔琢拿不下这百步墩，就把脑袋摘下来，让你们当墩子坐。"

王尔琢与党代表何长工仔细考察了老七溪岭的地形，发现这里树木茂盛，山石横生。"看来，要拿下这百步墩，这些树木山石能派上用场了。"王尔琢对何长工说道。何长工与王尔琢私交甚密，两人的默契程度向来被外人羡慕。当听到王尔琢这番话后，何长工立即心领神会地点了点头，笑道："尔琢兄，好计啊！真不愧是飞兵团长。"王尔琢笑道："我们飞兵团就是他杨如轩命中注定的克星，咱们走着瞧。"

计策出台，现在剩下的就是将它付诸实践。王尔琢与何长工一起在二十八团里挑选了一百多名骨干分子，组成了若干个冲锋小组，利用林木山石的天然掩护，悄悄地靠近百步墩。而正在百步墩上潇洒地俯视着飞兵团的杨如轩，竟丝毫没有察觉到这些冲锋小组的行踪。等到后知后觉的他，终于发现一支移动的力量正缓缓地朝他们逼近时，什么都晚了。杨如轩慌乱地命令士兵开火，扫射这些冲锋小组。王尔琢早就有所准备，他令一支红军力量埋伏在百步墩侧后的茅管均上，当杨如轩的军队向冲锋小组开火时，茅管均的红军也把枪口对准了杨如轩和他的士兵们。就这样，在茅管均红军的猛烈火力的掩护下，冲锋小组迅速地冲上了百步墩，再次在杨如轩面前上演了一幕"飞兵奇降"的戏码。杨如轩败了，而且又是败在了王尔琢和他的飞兵团之下。

老七溪岭保住后，王尔琢火速率部开往新七溪岭，支援朱德、陈毅的战斗。有了王尔琢的鼎力相助，红四军有如猛虎添翼，很快就把杨池生的部队也打散了。红四军成功地吃掉了两只"羊"，欢欢喜喜地过端午去了。当地群众被红四军的胜利鼓舞着，编了一首民谣唱道：

不费红军三分力，打垮江西两只"羊"。

此次胜利之后，井冈山根据地发展到宁冈、永新、莲花三县，以及吉安、安福、遂川、酃县各一部，使边界割据斗争进入全胜时期。这时，王尔琢被选为红四军前委委员和中共湘赣边界特委委员。

这就是著名的龙源口大捷，此战的胜利，意

义非凡。龙源口大捷，威震湘赣两省。苏联《真理报》也对红军这次大捷作了报道。它不仅巩固了井冈山根据地，而且粉碎了蒋介石最大规模的"围剿"，极大地振奋了军心。全国上下都为红色政权的顽强生命力感到欣慰，同时大家纷纷对红四军给予了人力、物力的支援。这样，井冈山革命根据地进入了兴盛时期，而且革命的星星之火，也终于发展成为燎原之势了！

# 鞠躬尽瘁 壮志未酬

(1928)

## → 风云突变

★★★★★ （25岁）

　　1928年6月中共湖南省委派杜修经带着省委的指示信来到边界，要红军离开井冈山"立即向湘南发展"，强迫边界特委、红四军军委必须"毫不犹豫"地执行。湖南省委的这封信，的确给人一种红火热闹的感觉。信中说："国民党军阀在取得京津之后，内部冲突更加显明"，各派力量之间的斗争愈加剧烈，"反动统治无稳定的可能"。鉴于这种大的形势，省委对湖南的局势作出如下论断："湖南的军阀政治已经到了异常混乱的状态，统治力量是非常薄弱的。"而湖南工农斗争的情况是"更加扩大"、"异常猛烈"。面对"惊恐万状"、"十分动摇"的阶级敌人，不正是无产阶级向他们进攻的大好时机吗！因此湖南省委要求红四军"坚决向湘东发展"。由于敌人的白色恐怖,湖南省委此时并不在湖南,而在江西的安源。对湖南的革命形势,省委很是着急。他们迫不及待地要红四军向湘东发展,建立赣边、湘东、平江各区暴动的联系,他们是多么迫切地希望湖南的革命运动迅速地高涨起来啊!有了强烈的愿望,便有了"理想化"的指示。那时候,党还很年轻,省委更年轻。按照他们的判断,革命的风暴即将席卷湖南乃至全国,革命成功,指日可待。

这富有浪漫色彩的指示,今天看来也许是一种幻想。因为这封信后(1928年)足足又经历了21年,革命才得以成功,并非信所预言的"很快胜利"。而当时,给红四军军委的指示,恰恰是以湖南省委的名义下达的。

杜修经受省委指派也认为湖南敌军恐慌到极点,红四军应毫不犹豫地向湘南发展。为此,特委、军委和永新县委在永新城内召开联席会议进行讨论。毛泽东、朱德等人在会上陈述了红四军不能轻易离开宁冈,冒进湘南的理由,与杜修经发生了激烈的争论。从安福连夜赶回永新参加会议的王尔琢也反对冒进湘南,他说:"二十九团部分官兵正想撤回宜章老家,而郴州守敌石范生等实力雄厚,盲目进攻,势必造成重大损失。"最后毛泽东认为红军远离根据地十分危险,决定仍坚持发展罗霄山脉中段政权的原定方针。会议决定对于省委的指示不予执行,并向湖南省委作了文字汇报。

恰在这时,湘赣国民军队在吴尚率领之下,深入井冈山腹

△ 井冈山会师纪念馆

地,再次占领了砻市和新城,并向永新进犯。红四军前委经过毛泽东、朱德讨论后,决定采取"围魏救赵"的策略,由朱德、王尔琢率领二十八团、二十九团袭击湘敌后方占领酃县,迫使湘敌撤回茶陵。在那里住了几天,又立即出发去酃县。湘敌一看屁股被抄,有些惊慌,怕井冈山上的红军也来湖南,于是赶快下令退兵。朱德、陈毅、王尔琢开会研究,觉得毛泽东计策已经实现,眼下井冈山兵力空虚,应立即回宁冈。正在这时,胡少海慌慌张张来报:"事情糟了,二十九团有点乱,不少人闹着要回湖南老家去,不愿回师宁冈。"朱德一听浓眉皱起疙瘩,气呼呼地说:"搞啥子名堂？你去传达命令，马上开拔！"陈毅一听也很恼火，他对朱德说："我去看看。"

陈毅一到二十九团就上来一群战士。这个喊着："我们要回湘南！"那个说："我们要回老家！"还有的公开喊着："不准回湘南，老子不干了！"这些士兵把陈毅弄得焦头烂额，他马上制止了喧闹，下令胡少海赶快集合部队。陈毅耐心讲解为什么不能进军湘南，等战士们平静下来之后，胡少海就下令向沔水出发。

原来当红军部队进占酃县县城后，在酃县洣江书院，杜修经利用二十九团官兵的乡土观念（二十九团为湘南起义农军编成，多为湘南人）鼓动该团向湘南冒进。他动员大家回老家闹革命，要大家听湖南省委的指示，不要听朱、毛的指示，刚才的小动乱就是他刮的阴风起效了。

朱德、王尔琢等红四军主要领导干部后来得知了这一情况，临时决定在沔水圲召开了军委扩大会议。王尔琢在会上首先发言，严厉地批评了杜修经无视联席会议决定、一意孤行的错误。杜修经对此极为恼火，他指着王尔琢声色俱厉地问："是你听省委的，还是省委听你的？"王尔琢十分气愤地拍着桌子说："你这个娃娃，你懂得什么？你毫不了解井冈山的处境，也不听我们的意见，只管拿省委的指示压我们，是什么道理？我们是要对革命负责的！"就连在旁边的何长工也气愤不过指着杜修经说："杜修经，如果我们失败了非用开水把你煮了不可！"会议经过讨论再次作出决定：执行联席会的决议，立即回师宁冈。散会以后，王尔琢又集合两团部队讲话，号召全体战士服从军委领导，不要违背军委的战略部署。说服战士们服从纪律，开回井冈山根据地，不要私自回家。但由于杜修经和二十九团党代表龚楚一再宣扬说，战士们的家里都分了田地，谁想回去帮助收割稻子、看望老人小孩，谁就跟他们走，终于在翌日凌晨悄悄把二十九团拉向郴州去了。

朱德和王尔琢得知此讯，十分焦急，觉得该团单独深入湘南处境将十分危险，遂决定率二十八团前去追赶。二十九团官兵思乡心切，就怕被二十八团追上，因此日夜兼程赶路，连开饭都不停下，第三天便到了郴州城郊。一听城里刚好有一团敌人补充的新兵，立即兵分两路发起攻击，个把小时就把新兵打得乱糟糟逃出城外。新兵团刚发弹药物资，东西很多，二十九团士兵眼看快到家了，都步调不一，纪律松散。杜修经对胡少海说："省委指示没有错，湘敌是不经打的，一个小时就歼灭一个团了嘛。"胡少海早就意识到这步棋走错了，但却无奈只能随二十九团前进，准备随时规劝大家迷途知返。他回答说："这是新兵，不是正规军，你等着吧，敌人很快会反攻的。"半夜里，敌人郊外两个团发动了进攻。二十九团奋起反击。三营郑营长带着队伍在城北面迎击敌人，多次打退敌人的冲锋，但伤亡很大，有些抵挡不住。他知道有一支队伍在北门外马路上停着，没有多少敌人。郑营长赶快派人通知他们，要求支援。救援的

△ 萧克（后排中间）与战友合影

军队没有到，敌人就攻进城来，队伍乱了。肖克和胡少海带着几百人，迎着敌人阻击，从东门大桥退走。敌人仍死追不放，快到大桥附近时，幸好二十八团先头营赶到，立即投入战斗，用火力掩护二十九团残部撤退。但在撤出战斗时，部分官兵不听指挥，私自向宜章老家跑去，最后被湘南大土匪胡凤章消灭。

朱德带着人马赶到时，一清点人数，"当日收集的不过百人"，那个杜修经自知责任重大，蹲在地上，把脑袋埋在两膝中痛哭流涕。逃出来的战士也泣不成声，好好一团人马被打得死的死、伤的伤、逃的逃。朱德一看此情景，宽厚的胸膛怒涛起伏，两眼通红；陈毅紧咬嘴唇，拳头捏得格格响。大家在哭声中沉默十多分钟，朱德突然仰天长叹一声，从发哽的喉咙里命令着："把伤员抬着，撤退吧。"

王尔琢与朱德商量，将该团剩余人员编入二十八团，然后率队从资兴、桂东回师井冈山。当时我们称这场战斗为"八月失败"。"八月失败"红军损失过半，而二十八团得以保存并重新拉上井冈山，使几乎被断送的中国革命转危为安，王尔琢功不可没。

## ➡ 英勇牺牲

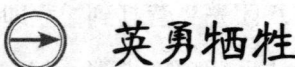

（25岁）

王尔琢的第二十八团下设三个营，第一营营长是林彪；第二营营长是袁崇全，党代表是杜松柏；第三营营长是肖劲。在部队向井冈山进发途中，由第二营营长袁崇全带领其属下的几个连和军部的机枪连、五连打前卫。

回师井冈山的途中，一天，朱德正在视察驻地，传令兵匆匆来报，说三十一团三营已经来到，朱德一听惊喜得两眼放出光彩："是几时到的，哪个带来的？"传令兵说："今天早晨到的，毛泽东亲自带来的。"朱德一口气跑回军部，他一进门毛泽东就奔上来一把紧紧握住对方的手，毛泽东拍着朱德的肩膀说："一月不见，胜过阔别十年啊。""泽东同志，这次我没有带好部队。"毛泽东说："这账不能算在你们身上，这全是湖南省委的罪过。"这时陈毅、王尔琢听说毛泽东来了，也连忙赶了过来。大家欢快地谈起了井冈山的情况。毛泽东把如何运用游击战、麻雀战，把敌人拖住25天的情况说了一遍。朱德、陈毅、王尔琢一听井冈山只留下一个营，情况很不妙，心里都很焦急，马上临时开了个会，决定立即回师井冈山。散会时，毛泽东风趣地对朱德说："革命把我们拴在一起，朱、毛是不能分开的，我可离不开你老朱了。"朱德也笑着说："我也离不开你老毛嘛。"

8月25日，当部队到达崇义新地圩时，先头营营长袁崇全突然改变行军路线。袁崇全串通党代表杜松柏，伙同副营长，胁迫该营及一个机枪连、迫击炮连共六个连向敌刘士毅部投降。

其实袁崇全早有反叛之心，袁崇全原是地主家的阔少爷，考入黄埔军校本想升官发财，没想到却投机来到革命队伍中。井冈山的艰苦生活他早就受不了了，他同那些悲观失望的人一样，说什么"靠红米南瓜打不出天下"、"井冈山红旗打不了多久"。

从湘南撤退途中他一直在寻找机会逃跑。

部队行进，营部一般跟着预备队。今天，袁崇全却跟在尖兵排后边。时时小心，处处提防。先是向北走，走了一阵转向西，再折向南。天将黑时，向南走了十多里，停下来宿营。部队住下后，袁崇全的亲信在战士中散布："跟着袁营长走没有错"，"打了土豪吃肉分大洋"。

战士中间开始流传一些传闻："袁营长要带我们打城市去了！"

"不能跟朱德，他没主意。"

"跟他回井冈山，还得受毛泽东的管辖，没有好日子过。"

这令机枪连党代表何笃才很是着急，他匆忙到六连找到党代表赵尔陆商量对策。同时四连连长粟裕也察觉到了问题，来到六连和他们碰头。大家一块研究了一下情况，都觉得不对。好在大家及时发现了这个问题，于是设法逃离了袁崇全的控制，借着夜幕的掩护带着四个连队回到了大部队。但第五连和迫击炮连还是被袁崇全带走了。

袁崇全带着人投敌了，这一消息顿时轰动了整个红军。针对这种情况，朱德、陈毅、王尔琢等商量对策，朱德主张派部队把袁崇全"打"回来，王尔琢则主张"喊"回来，王尔琢说："我是他们的团长，我和他们同甘共苦、出生入死，他们会听我的。而且我们内部如果再打损失更大，我相信绝大部分官兵是受袁崇全的欺骗和胁迫叛离的，我很了解他们，我能把他们争取回来!"朱德提醒他说:"你平时爱护、关心士兵,战士们拥戴你。但叛徒是丧心病狂、穷凶极恶的,还是打回来吧!"王尔琢仍然固执地说:"我谅他袁崇全也不敢向我开枪!"朱德、陈毅考虑到袁崇全和王尔琢是石门同乡,平时他对王尔琢一直很尊敬,就决定派王尔琢去追,但是提醒王尔琢要多带些人,以防不测。但王尔琢却说:"人多了走不快。"说毕,他与二十八团党代表何长工带一个排出发了。

8月28日晚,王尔琢等在崇义县思顺圩赶上了正在圩内休息的二营五连和迫击炮连,他连

▽ 井冈山革命博物馆里的"王尔琢牺牲"画像

忙指挥部队包围了村子，便焦急地骑马向近前去。此时，叛徒袁崇全正在和几个亲信打麻将，忽听哨兵报告说村子被包围了，他凶狠地拍着桌子说："兄弟们！敌人来了，狠狠地打！"说罢，拽出枪，走了出来。他利用天黑看不清人，挑动士兵说："敌人来了，快开枪！"霎时枪声震天。王尔琢见子弹擦身而过，不能近前，便高声喊道："不要打枪了，我是你们的团长王尔琢，来接你们回去的！"大多数战士听到了王尔琢的声音惊喜交加，纷纷跑了过来。袁崇全气急败坏，他用枪逼着战士们开枪。战士们没有办法，只好把枪口朝天高高地放。王尔琢问清了袁崇全的所在地，就命人向他包围过去，自己也边靠近边喊话："袁崇全，出来吧！我向你担保，回来就不追究。"王尔琢此时还对袁崇全抱有希望，他认为他们是同乡老同学，关系很好，在黄埔军校又一起共过事、打过仗，袁崇全会听他的话的。他万万没有想到，突然间袁崇全青着脸，左右两手握着短枪，冲他就是两枪。子弹穿胸而过，顿时，血涌如注，王尔琢倒在了血泊之中。几个战士连忙跑了过去，王尔琢勉强睁开眼睛，以微弱的声音嘱咐战士们快去抓住叛徒。王尔琢同志就这样英勇牺牲了，牺牲时年仅 25 岁。但是被袁崇全胁迫叛逃的两个连的战士却认清了袁崇全的反革命真面目，都回到了二十八团。

## 全军哀悼

战斗结束后,战士们围在王尔琢遗体四周,泣不成声。朱德闻讯赶来,以极其悲痛的心情,在王尔琢身旁肃立默哀了很久。王尔琢一直都是朱德最为得力的助手,也是朱德最看好的将才,然而现在却丧命叛徒之手,实在是可恨、可惜、可叹!战士们擦干净了王尔琢身上的血迹,给他穿上了干净的军装,用棺木装殓,葬在思顺圩外的虎形岭。

1928年9月13日,红四军攻克遂川县城,在死人堆里发现了装死的袁崇全,马上报告给军长朱德。朱德怒目圆睁,下令:"斩!为王尔琢讨血债!"袁崇全这个可耻的叛徒在二十八团全体官兵面前被处决了,大家终于为团长王尔琢报了仇。

1928年10月中旬的一天，红四军军部在宁冈砻市草洲上为王尔琢举行了追悼大会。战士们临时搭了座小台子，中间挂着大横匾，匾上用棉花精心缀成"赤潮澎湃"四个大字，两旁挂着毛泽东起草，陈毅书写的挽联：

　　一哭尔琢，二哭尔琢，尔琢今已矣，留却重担谁承受？

　　生为阶级，死为阶级，阶级后如何？得到胜利方始休！

　　追悼会由陈毅主持，朱德致悼词。号召全军将士学习烈士王尔琢英勇顽强的革命精神，继承烈士的遗愿，为夺取革命胜利奋勇战斗。毛泽东肯定了王尔琢成功地参与了指挥五斗江、草市坳、龙源口等战斗，为井冈山革命根据地的创建立下了汗马功劳，王尔琢的二十八团，是北伐时期叶挺独立团的老底子，后补充了南昌起义、

△ 王尔琢雕像

湘南起义的精干力量，全团一千九百多人，是红四军中有名的"钢铁团"，一个团可以与国民党军一个师相抗衡。经毛泽东、朱德再三思考后，决定由二十八团一营营长林彪接任王尔琢的团长职务。

为纪念王尔琢烈士，1969年崇义县人民政府在思顺圩背虎形岭上建造王尔琢烈士墓。1983年在原址上重修，1984年2月竣工。重建后的烈士墓用大青石塑制墓棺，墓前竖有墓碑，碑高3.92米，宽1.2米，厚0.3米，正面刻有肖克题写的"王尔琢烈士之墓"七个大字。墓座刻有王尔琢烈士生平简介。墓前建一平台，台前采用花岗岩石条砌筑的台阶，下有一小平台，两平台间有46个阶梯连接。墓的四周栽有松柏花草，象征烈士精神浩气长存，四季常青。整个建筑洁白素雅，庄严肃穆。总面积达300平方米。

建国初期，周恩来总理视察筹建中的中国革命历史博物馆，当他发现没有王尔琢的照片时，十分焦急地告诉身边的工作人员说："要千方百计征集王尔琢的照片。"足见在总理心中王尔琢的地位是很高的。

1981年冬，当时的国防部副部长、原二十九团七连连长肖克同志来到赣南,在崇义县思顺圩寻到王尔琢墓,谒墓思人,不胜哀感,写下了《谒王尔琢烈士墓》诗以记怀。

千里来寻旧战场,尚留青冢认王郎。

红军擘划开新域,叛逆仓皇降蒋帮。

一代英雄垂史册,三连子弟复重光。

肖公沉痛思前事,座上军民泪满裳。

◁ 王尔琢之墓

# 后 记

## 历史不会忘记

　　如果不是经过一个阶段的整理与研究资料的工作，如果不是将我们革命先辈的功勋再认真细数一番的话，或许连我这个撰稿人都不会知道王尔琢这个名字。而当你真的对这位伟大的革命烈士有了一番了解，当你知道了他是如何在短短一生的历程中创造了那些丰功伟绩，当你知道了他对革命对人民忠诚无悔不惜牺牲一切的精神之后，就再也无法将这个名字从记忆中抹去。

　　完成了王尔琢事迹的撰写工作，原本以为长长的几万字足以说清王尔琢的身前身后事，可是现在，却似乎觉得有一种意犹未尽的感觉，似乎还有很多的事迹有待记录，还有很多的感情想要抒发，还有很多的人值得纪念。的确，像王尔琢这样壮志未酬的战士，在中国革命斗争的战场上实在是太多太多了，像他这样以青春韶华祭奠革命事业，却被逐渐湮没在历史长河中逐渐被人淡忘的英勇志士也实在是太多太多了。

　　那些英雄，我们不会忘记。

英雄已逝，战火已消，故事却依然历历在目，王尔琢这个和蔼可亲的"飞兵团长"把革命精神留在了队伍中，把无限哀思留给了战友们。而他同时也留下了一份强大的力量，身虽死，意不泯，或许我们可以说，王尔琢的英灵激励着无数的战士们投入到一场又一场的战斗中，激励着他们奋勇杀敌。从这个意义上说，他从未曾离开那片战场，从未曾离开这片他挚爱的土地。

走在井冈山雕塑园里，不久就可以看到王尔琢的雕塑屹立在青松翠柏之间，他的容貌依旧年轻俊朗，仿佛历史和时间都没有在他身上留下一丝尘埃；他的目光依然坚定，视线依然从容，仿佛一直在诉说着一段并不传奇，但却值得我们永远铭记的故事……